Elisabeth Lukas
Rendezvous mit dem Leben

topos taschenbücher, Band 890
Eine Produktion des Verlags Butzon & Bercker

Elisabeth Lukas

Rendezvous mit dem Leben

Ermutigungen für die Zukunft

topos taschenbücher

Verlagsgemeinschaft topos plus
Butzon & Bercker, Kevelaer
Don Bosco, München
Echter, Würzburg
Matthias Grünewald Verlag, Ostfildern
Paulusverlag, Freiburg (Schweiz)
Verlag Friedrich Pustet, Regensburg
Tyrolia, Innsbruck

Eine Initiative der Verlagsgruppe engagement

Bibliografische Information der Deutschen Nationalbibliothek
Die Deutsche Nationalbibliothek verzeichnet diese Publikation in der
Deutschen Nationalbibliografie; detaillierte bibliografische Daten
sind im Internet über http://dnb.d-nb.de abrufbar.

2016 Verlagsgemeinschaft **topos** plus, Kevelaer
2. Auflage (1. Auflage 2015)
Genehmigte Lizenzausgabe für den Verlag Butzon & Bercker, Kevelaer
Copyright © 2000 by Kösel-Verlag in der Verlagsgruppe Random
House GmbH, München

Einband- und Reihengestaltung | Finken & Bumiller, Stuttgart
Satz | SATZstudio Josef Pieper, Bedburg-Hau
Herstellung | Friedrich Pustet, Regensburg
Printed in Germany

ISBN: 978-3-8367-0890-6
www.topos-taschenbuecher.de

Inhalt

Der Teufelskreis der Sinnfrustration 7
Das Dasein für etwas oder für jemanden 11
Der konkrete Sinn des Augenblicks 16
Die Heilkraft eines sinnvollen Verzichts 21
Die Kunst, Unwichtiges zu ignorieren 24
Die Fähigkeit zur Selbsttranszendenz 27
Das Oppositionspärchen Angst und Humor 30
Innere Einstellung als letzte Freiheit 34
Das Aufzeigen eines Wertes an sich 38
Hinweggetanzte Essprobleme 42
Die Anhebung des Lebenswertgefühls 46
Keine Kapitulation vor der Verwahrlosung 49
Vom Umgang mit Wertkonflikten 52
Das Verwinden von Wertverlusten 58
Die Gefahr des Sich-Hineinsteigerns 60
Sind wir Opfer unserer Umstände? 64
Glück hängt nicht an äußeren Bedingungen 70
Trotzdem Ja zu Sorgenkindern sagen 76
Die moderne Frau im Zwiespalt 82
Vergiss die Brücke zu den anderen nicht! 85
Der moderne Mann unter Erfolgszwang 89
Die Legende vom Rotkehlchen 92
Des Menschen Öffnung zur Welt 96
Ein Hoffnungsschimmer in der Seele 99
Vom Sinn „berechtigter" Ängste 105
Vom Verjagen „unberechtigter" Ängste 110
Dem Erpresser ins Gesicht lachen 115
Ein gezähmter Raubvogel 120
Herr über sich selbst bleiben 124
Der Übel größtes ist die Schuld –? 129
Jeder echten Reue wohnt ein Zauber inne 132
Wohin mit Wut und Drang? 144
Der Zwiespalt mit dem Vater 149

Leib-Seele-Geist in einer Person	152
Der Aspekt der Verantwortlichkeit	156
Eine Einladung zur Zufriedenheit	160
Fünf heilpädagogische „Bären"-Karten	162
Die schönste „Bären"-Geschichte	167
Was fließt, wenn „es" fließt?	171
Unser Rendezvous mit dem Leben	175
Die Autorin und ihr Werk	179
Quellenverzeichnis	185

Der Teufelskreis der Sinnfrustration

Zum Anfang des dritten Jahrtausends besteht im geistig-kulturellen Bereich unserer menschlichen Gesellschaft ein großer Bedarf, der sozusagen nicht mit Warenangeboten zu decken ist. Es handelt sich um ein gemeinsames oder auch einsames Suchen nach den tieferen Sinngehalten des Lebens. Wer in diesem geistigen Ringen ohne Antworten bleibt und nicht zu einer lebensbejahenden Philosophie oder Glaubensperspektive vorstößt, die ihm den Rücken stärkt, der fällt schnell jener grassierenden Mutlosigkeit anheim, die die modernen Generationen auf erschreckende Weise kennzeichnet.

Es war *Viktor E. Frankl*, der Wiener Psychiater, Neurologe und Begründer einer eigenen psychotherapeutischen Richtung – der *Logotherapie* –, der schon vor einem Dreivierteljahrhundert festgestellt hat, dass der Mensch im Grunde seines Wesens weniger nach materiellen Gütern, Glück, Macht und Sex strebt, als man gewöhnlich vermeint, sondern vielmehr danach, seine Existenz als eine sinnerfüllte und schlussendlich gelungene verstehen zu dürfen. Frankl bediente sich dieser Erkenntnis, um Heilungspläne für seelisch kranke Menschen zu entwerfen, aber auch zur Ausarbeitung von Richtlinien, wie seelischen Krisen in allen Lebenslagen vorgebeugt werden kann.

Seine Thesen wurden in vielen Querschnitt- und Langzeituntersuchungen bestätigt. Immer wieder zeigte sich, dass Menschen, die unerschütterlich darauf vertrauen, dass sie in dem gewaltigen und unbegreiflichen Sinngefüge der Welt ihren eigenen kleinen Platz innehaben bzw. auf diesem Platz wichtig und wirkmächtig sind, Schicksalsschlägen wesentlich besser gewachsen sind als andere, die am Sinn ihres Lebens zweifeln. Umgekehrt zeigte sich eindrücklich, dass eine permanente Skepsis in Bezug auf die Sinnfrage einer chronisch-bohrenden Unzufriedenheit Vorschub leistet, aus der angstgeprägte Flucht- und Fehlreaktionen, ungelöste Konflikte und depressive Haltungen entspringen. Hinter fast sämtlichen pathologischen Zeiterscheinungen der Gegenwart steckt eine Abart empfundener Sinnleere, in deren Schatten die so genannte Risikotoleranzschwelle hinaufschnellt. Man lebt ungesünder, undisziplinierter und lustloser ohne profundes Motiv, das Dasein zu schützen, eigenes wie fremdes.

Gesundes, „blühendes" Leben bedeutet demnach nicht eines in Abwesenheit von Störungen und Problemen. Es bedeutet eines aus der Kraft und dem Willen heraus, mit Störungen fertig zu werden, und zwar aus dem schlichten Grund, weil man das Leben mag. Weil man mit ihm „verabredet" ist – für eine gewisse Zeit, an gewissen Orten und in weltumschlungener Zweisamkeit zur Erfüllung von Aufgaben, bei denen man sich unvertretbar weiß.

Was solch „blühendes" Leben leider häufig behindert, sind Wechselwirkungsgeschehen, die man mit Fug und Recht *Teufelskreise* nennen kann. Dabei führt ein Faktor A zu einem Faktor B, und B wiederum zu A, woraufhin A verstärkt zu B führt ... eine Endloskette entsteht, die immer undurchbrechbarer wird. Hier ein einfaches Beispiel dazu:

Jemand erlebt bei einer Prüfung, auf die er sich gut vorbereitet hat, eine herbe Niederlage. Das ist Faktor A. Der Betreffende entwickelt daraufhin eine große Angst vor der nächsten Prüfung, eine „Erwartungsangst", wie man im Fachjargon sagt (Frankl). Dies ist Faktor B. Auf Grund der negativen Erwartung, erneut zu versagen, in die sich der Unglückspilz hineinsteigert, ist er bei der Wiederholungsprüfung derart verkrampft und blockiert, dass er sie ebenfalls nicht schafft. B hat zu A zurückgeleitet. Dass sich jetzt der Schrecken vor der Prüfung erst recht etabliert, B sich also intensiviert, liegt auf der Hand – der „Teufelskreis" zwischen Erwartungsangst und Versagen schließt sich.

Am Beispiel wird deutlich, dass sich das subjektive innere Erleben eines Menschen (seine überstarke Furcht) mit einem objektiven Tatbestand (der misslungenen Prüfung) tragisch verknüpft. Ähnliches kann auf breiter Basis und um einiges

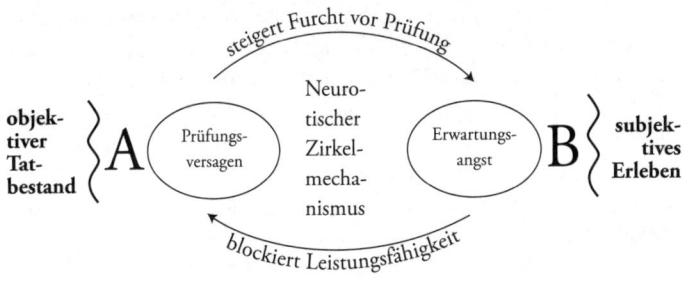

komplexer zwischen dem subjektiven Sinnlosigkeitsgefühl vieler Menschen und der objektiven Sinnwidrigkeit destruktiver Handlungen vieler ablaufen. Das Sinnlosigkeitsgefühl bringt die seelische Gesundheit und Stabilität der Bevölkerung ins Wanken. Daraus resultiert eine Menge sozialer und individueller Fehlverhalten, die konkrete Anlässe für Zukunftsängste liefern. Stichworte wie Ausbeutung der Tier- und Pflanzen-

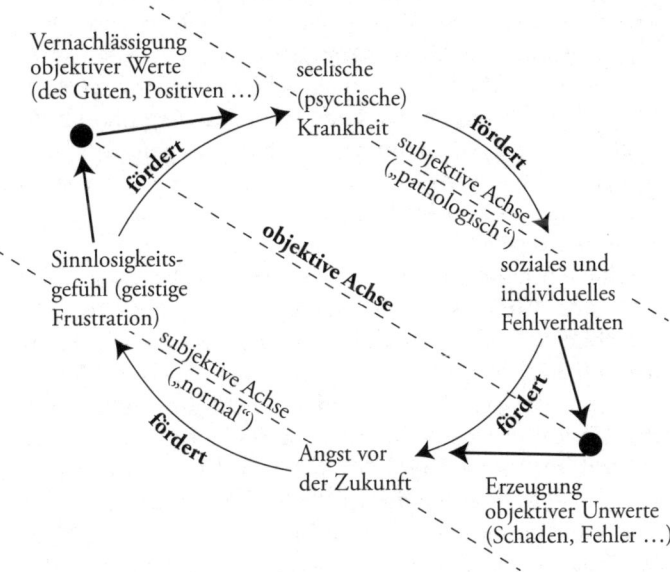

welt, politische Verfolgungen, Massenverschuldungen, Aggressionsstaus etc. gehören hierher. Die daraus folgende pessimistisch verbrämte und keineswegs grundlose Angst verstärkt wiederum das resignative Gefühl, alles Bemühen sei letzten Endes umsonst. Die Sinnfrustration ist ein Bumerang, dessen Raubgut die Zielperspektiven der Zukunft sind – und sind diese einmal gefallen, schnellt die Frustration gigantisch in die Höhe.

Lassen wir erneut ein Beispiel sprechen:
Ein Sohn erbt den Betrieb seines Vaters, sieht aber keinen Sinn in der Weiterführung des väterlichen Betriebes. Er fühlt sich bloß verpflichtet zur Übernahme oder weiß nicht recht, was er sonst mit seinem Leben anfangen könnte. Es ist möglich, dass er trotz dieser schlechten Voraussetzung allmählich in die Arbeit hineinwächst und darin hinreichende Zufriedenheit findet. Es kann aber auch geschehen, dass der Betrieb für ihn niemals zur bejahten Aufgabe wird, sondern allenfalls eine Geldquelle oder einen Prestigefaktor darstellt. Wenn dem so ist, gibt es noch die Möglichkeit, dass der junge Mann außerhalb seiner beruflichen Tätigkeit Lebensinhalte entdeckt, die ihn erfreuen und mit deren Hilfe er die unwillig und unüberzeugt geleistete Arbeit im Betrieb aufzuwiegen vermag. Er wird sich dann zwar nicht sehr stark für die betrieblichen Belange engagieren, aber insgesamt kann die Angelegenheit noch gut ausgehen.

Sollte der junge Mann jedoch außerbetrieblich wenig Interessen und Hobbys haben, keiner dauerhaften zwischenmenschlichen Beziehung fähig sein und sich in seiner Freizeit eher betäuben als erholen, wird sich bald besagter „Teufelskreis" um ihn runden. Unter der Wucht der Lebensenttäuschung wird er irgendwie pathologisch entgleisen, vielleicht Zuflucht im Alkohol oder kurzfristiges Vergessen in den Armen wechselnder Freundinnen suchen, und dabei in der Nutzung seiner gesunden Kräfte zur Verbesserung der frustrierenden Situation nachlassen. Die Vernachlässigung echter Wertobjekte verläuft dann Hand in Hand mit dem Verfall seiner seelischen Stabilität, was ihm in seiner Gewissenstiefe nicht verborgen bleibt. Er ärgert sich, am allermeisten über sich selbst, und reagiert mit Todessehnsucht. Oder er projiziert den Ärger auf andere und läuft Amok. Oder er fällt in kindliche Stadien der Hilflosigkeit zurück. Er schlittert in Neurose und Sucht, kommt mit inneren oder äußeren Gesetzen in Konflikt und dreht durch. Es gibt Krach mit den Angehörigen und Fehlentscheidungen am Arbeitsplatz. Gelder werden vergeudet oder veruntreut etc., Betrieb und Kollegialität stehen auf dem Spiel, ein Zusammenbruch naht. Die Hoffnungslosigkeit der längst fragwürdig gewordenen Zukunft steigt ins Bewusstsein des jungen Mannes und lähmt dort jedwede geistige Trotzkraft, die als Einzige noch imstande wäre, dem Drama eine Wende zu geben oder notfalls aus den Trümmern eine neue sinnvolle Existenz aufzubauen. Der „Teufelskreis" hat sich geschlossen.

> „Gehst du schon in die Schule?", fragt der Onkel seinen kleinen Neffen. „Na klar!", erwidert dieser. „Und was machst du in der Schule?" – „Ich warte, bis sie aus ist."

Nicht wenige frustrierte Menschen schätzen ihr Leben ähnlich wie jener kleine Neffe ein. Sie „warten, bis es aus ist".

Das Dasein für etwas oder für jemanden

Überlegen wir, was dem skizzierten Aufschaukelungsprozess vorbeugen würde. Vieles steht dem Menschen im Ringen um Sinnfindung bei: ein behutsames Wort zur rechten Zeit, ein ermutigendes Buch, eine zündende Anregung, eine heilsame Erschütterung, die den Schleier vor seinen „inneren Augen" wegzieht. Ebenso wie Kleinigkeiten verheerende Wirkungen zeitigen können, können sie sich auch rettend auswirken. Keineswegs bedarf es stets einer aufwendigen psychotherapeutischen Prozedur, um Menschen aus ihren seelischen Nöten zu befreien. Wo sich die Nächstenliebe mit den Selbstheilkräften eines Gefährdeten verbindet, ist die Schlacht um die Rückgewinnung lebenswerten Lebens schon halb gewonnen.

Allerdings kann Sinn nicht rezeptiert werden, wie der Seelenarzt Frankl schmunzelnd zu betonen pflegte. Was wir tun können, ist bestenfalls, Arten der Sinnfindung beschreiben, Wegweiser der Sinnfindung errichten und – eine unüberbietbare Erfolgsstrategie! – das Sinnvolle als Handlungsmaßstab bei uns selber zulassen. Wohlgemerkt: zulassen auch dann, wenn dieses Maß nicht auf unsere Wunschträume zugeschnitten ist. Das Kriterium des Sinns weist über Eigenbelange und -vorteile hinaus, ähnlich wie die Kompassnadel über den Rand des Kompasses auf den Nordpol hinweist, also auf etwas, das ganz und gar nicht „kompasshaft", sondern unabhängig von der örtlichen Lage des Kompasses ist.

Mit dem genannten Gleichnis können wir den Begriff „Sinn" gut umschreiben, denn auch er ist ein ewig gültiges Medium unserer Standortbestimmung. Er ist es schon deshalb, weil er im Prinzip unbeeindruckt bleibt von der jeweiligen Lebenslage, aus der heraus er angepeilt wird. Sei eine Lage noch so kritisch, sei sie gar scheußlich …, immer gibt es eine denkbare Antwort des Menschen darauf, die fein abgestimmt ist auf den Sinn, wovon noch zu reden sein wird.

Das Gleichnis ist auch aus einem weiteren Grunde günstig. Es verdeutlicht, dass eine Richtung keine Information über eine Entfernung enthält. Der Norden, auf den die Kompassnadel hinzeigt, kann unerreichbar fern und äußerst nahe sein. Genauso ist der Sinn des Lebens überwältigend abstrakt und höchst konkret zugleich.

Für den unendlichen Sinn des Seins hat Frankl den Begriff *Übersinn* geprägt. Damit wollte er keineswegs auf Übersinnliches anspielen, wie es der Volksmund versteht, sondern jenen

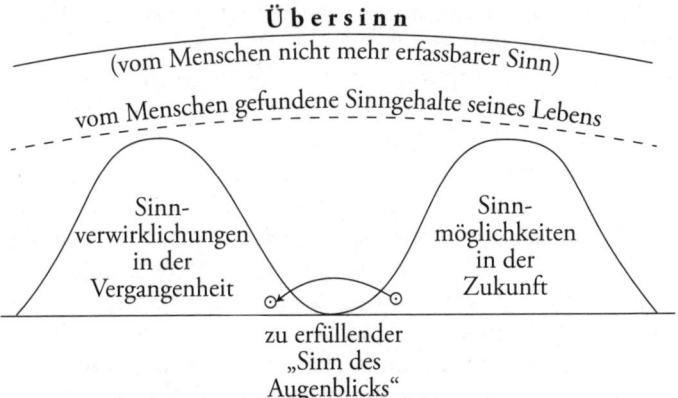

Sinn, der „im Anfang war" und alles Fassungsvermögen des Menschen übersteigt, kennzeichnen: ein Synonym für den religiösen Begriff „Gott". Als „prima causa" kann der Übersinn nur jenseits von Zeit und Raum und vorgängig der Entstehung menschlichen Bewusstseins gedacht werden, woraus folgt, dass er in menschliches Bewusstsein eben nicht hineinpasst. Elemente der Welt, die wir mit unserem Verstand als „sinnlos" bezeichnen müssen, etwa das Vorhandensein des Bösen, das Leid unschuldiger Kinder, Ungerechtigkeiten, Schmerz und Tod, könnten in der Dimension des Übersinns ihren mysteriösen Sinn haben, den zu begreifen uns Menschen verschlossen ist.

Was uns im Unterschied dazu offen steht, aber dem Tier wiederum verschlossen ist, ist die Erfassung spezieller Sinngehalte unseres Lebens. In ihnen verdichten sich selbstgewählte Vorhaben wie z. B. wissenschaftliche Forschungen, technische Erfindungen, Produktionen von Kunstgegenständen, Herstellungen von Gebrauchsgütern, Kämpfe gegen Missstände etc. zum „Dasein für etwas", und andere wie z. B. die Gründung einer Familie, die Erziehung des Nachwuchses, ärztlich-pflegerische und soziale Einsätze, kurz, Vorhaben mit dem Akzent karitativer Fürsorge für anvertraute Menschen, zum „Dasein für jemanden".

Bei alledem ist der Sinn gleichsam der Wächter der Qualität jedweden Engagements. Entgleitet ein solches ins Sinnwidrige, schlägt die Kompassnadel in der Gewissenstiefe der Beteiligten heftig aus, auf dass eine Korrektur vorgenommen werde. Das gilt etwa für militant-fanatische Tendenzen im Namen politischer oder religiöser Ideale (Rechtsradikalismus …), oder auch für extreme Märtyrerhaltungen, bei denen Menschen sich grenzenlos ausnützen lassen. Bekanntlich kann jedes Engagement „auf die Spitze getrieben werden", was heißt, dass es plötzlich mehr Unheil bringt als Heil. Die Sinnfrage ist das Zeichen diesbezüglicher Wachheit: wo Unheil droht, ist von der Fährte des wahrhaft Sinnvollen abgewichen worden.

Wo jedoch ein Engagement sachlich und menschlich in höchstem Maße vertretbar ist, dort gipfelt sich ein Leben zu seiner Fülle auf – es beginnt zu „leuchten"!

Ein junger Mann, der eine bittere Enttäuschung in seinem Leben erlitten hatte, begab sich zu einem entlegenen Kloster und sagte zum Abt: „Ich bin vom Leben enttäuscht und möchte die Erleuchtung erlangen, um von diesen Leiden befreit zu sein. Aber ich habe keine Begabung, etwas lange durchzuhalten. Ich könnte niemals lange Jahre der Meditation und der strengen Lebensführung durchmachen … Gibt es einen kurzen Weg für Leute wie mich?" „Es gibt einen", sagte der Abt, „wenn du wirklich entschlossen bist. Sage mir, was hast du studiert, worauf hast du dich in deinem Leben am meisten konzentriert?" „Hm, auf nichts so richtig. Wir waren reich, und ich brauchte nicht zu arbeiten. Ich glaube, was mich wirklich interessierte, war das Schachspiel. Damit verbrachte ich die meiste Zeit."

Der Abt dachte einen Moment nach und ließ dann einen Mönch samt Schachbrett und Figuren kommen. Auch sein Schwert ließ er bringen und zeigte es den beiden. „Oh Mönch", sagte er, „du hast mir als deinem Abt Gehorsam gelobt, und nun fordere ich ihn von dir. Du wirst mit diesem jungen Mann eine Partie Schach spielen, und wenn du verlierst, werde ich dir mit diesem Schwert den Kopf abschlagen. Doch ich verspreche, dass du im Paradies wiedergeboren werden wirst. Wenn du gewinnst, werde ich diesem Mann den Kopf abschlagen, denn Schach ist das Einzige, wobei er sich jemals wirklich angestrengt hat, und wenn er verliert, verdient auch er den Verlust seines Kopfes." Die beiden sahen dem Abt ins Gesicht und verstanden, dass es ihm ernst war. Dem Verlierer würde er den Kopf abschlagen.

Sie begannen das Spiel. Bei den Eröffnungszügen spürte der junge Mann, wie ihm der Schweiß bis zu den Fersen hinuntertropfte, da er um sein Leben spielte. Das Schachbrett wurde zur ganzen Welt; er war völlig darauf konzentriert. Zuerst war es eher schlecht um ihn bestellt, doch dann machte der andere einen schlechten Zug, und der junge Mann ergriff die Gelegenheit, einen starken Angriff zu lancieren. Als die Stellung seines Gegners zerbröckelte, sah er ihn verstohlen an. Er sah ein Gesicht aus Intelligenz und Aufrichtigkeit, geprägt von Jahren strengen Lebens und Sich-Bemühens. Da dachte er an sein eigenes wertloses Leben, und ihn überkam eine Welle des Mitgefühls. Absichtlich beging er einen Fehler, und dann noch einen, die beide seine Stellung ruinierten und ihn seiner Verteidigung beraubten.

Plötzlich beugte sich der Abt vor und stieß das Brett um. „Hier gibt es keinen Gewinner und keinen Verlierer", sagte er langsam, „hier kann kein Kopf fallen. Nur zwei Dinge sind erforderlich", und er wandte sich an den jungen Mann, „völlige Konzentration und Mitgefühl. Du hast heute beides gelernt. Du warst völlig auf das Spiel konzentriert und konntest doch Mitgefühl empfinden und warst bereit, dein Leben zu opfern. Bleibe nun einige Monate hier und verfolge unsere Ausbildung in diesem Geiste, dann ist dir die Erleuchtung gewiss." Der junge Mann tat es und erlangte sie.

Was Frankl unter dem „Dasein für etwas" verstand, lässt sich mit obiger Beschreibung völliger Konzentration und Hingabe übersetzen. Was Frankl mit dem „Dasein für jemanden" meinte, deckt sich mit der Einforderung opferbereiten Mitgefühls.

Der konkrete Sinn des Augenblicks

Das heilsame Engagement im Dasein für etwas oder für jemanden ist nicht bloß identisch mit den Zielen, die sich eine Person steckt. Sinngehalte durchziehen die gesamte Zeitspanne eines Menschenlebens. Einem anschwellenden Flusse gleich strömen sie von der „Quelle" Zukunft zur „Mündung" Vergangenheit. Denn während ein persönliches Ziel mit seiner Erreichung erlischt, bleibt die Sinnhaftigkeit eines positiven Werkes, eines schönen Erlebnisses oder einer erfüllten Liebe im Ablauf der Zeiten bestehen – nichts kann sie mehr auslöschen! Was die Zukunft enthält, sind demnach – über subjektive Zielsetzungen hinaus – objektive Sinnmöglichkeiten, die ihrer Verwirklichung harren, und die, sobald sie aufgegriffen worden sind, sich zu objektiven Sinnverwirklichungen wandeln, ja, zu „Wertskulpturen", die von Menschen in die Vergangenheit hineingemeißelt worden sind und dort sicher und geborgen ruhen.

Sieht zum Beispiel ein junger Arzt eine Sinnmöglichkeit seiner Zukunft darin, ein Serum gegen eine gefährliche Krankheit zu entwickeln, und hat er sich eines Tages diesem Ziel mit Erfolg gewidmet, so bleibt das Verwirklichte untrennbar mit seinem Leben verbunden. Niemand kann ihm die Tatsache rauben, dass er der Welt ein kostbares Serum geschenkt hat, nicht einmal – der mächtige Tod.

Freilich verändern sich die beiden „Berge" von Sinnmöglichkeiten und Sinnverwirklichungen im Laufe des Lebens kontinuierlich. Ein junger Mensch, der erst zum Erwachsensein heranreift, hat sozusagen noch ein riesiges Gebirge an Sinnmöglichkeiten vor sich, aber kaum nennenswerte Schätze an Sinnverwirklichungen hinter sich; seine Zukunft ist (im Allgemeinen) reich, seine Vergangenheit arm.

Der alte Mensch hingegen hat das riesige Gebirge bereits überschritten. Es liegt hinter ihm mitsamt der Fülle jener Werte, die er in seinem Leben verwirklicht und in seine Vergan-

Jugend:

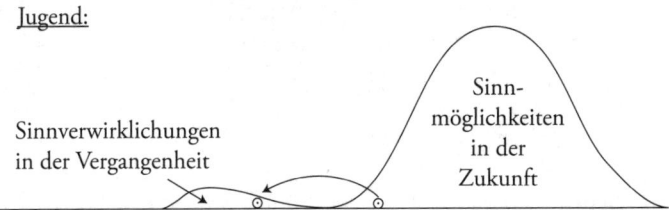

genheit „hineingerettet" hat. Dafür enthält seine Zukunft nur mehr beschränkte Sinnmöglichkeiten; sie ist arm gegenüber der Vergangenheit, die (im Allgemeinen) reich ist.

Alter:

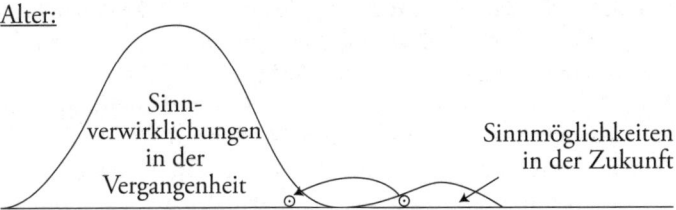

Hieraus wird verständlich, warum wir nicht nur die Ziele eines Menschen als Sinnfaktor im Auge behalten dürfen. Der sehr alte Mensch besitzt kaum mehr Ziele in seinem Leben, und würde er welche anstreben, könnte er sie nicht mehr erreichen. Was aber sein „Eigentum" bleibt, das ist das Gelungene, Geschaffene, Erlebte und tapfer Durchgestandene, das ist die Menge dessen, wofür es gut war, dass er da war; das sind die verwirklichten Sinngehalte seines Lebens, die ihm gehören auf immer. Auch das Alter hat seinen Trost ...

> Wie mit den Lebenszeiten,
> so ist es auch mit den Tagen,
> keiner ist uns gut genug,
> keiner ist ganz schön,
> und jeder hat, wo nicht seine Plage,
> doch seine Unvollkommenheiten,

> aber rechne sie zusammen,
> so kommt eine Summe Freude
> und Leben heraus.
>
> *Friedrich Hölderlin*

Auf dem Weg vom größten Abstraktionsniveau des Sinns, dem zeitlosen Übersinn, über die weit weniger abstrakten Zukunfts- und Vergangenheitsinhalte eines mehr oder weniger glückenden Menschenlebens stoßen wir nun zum eigentlichen Konkretionsniveau des Sinns vor, das in der Gegenwart beheimatet ist. Es handelt sich um den *Sinn des Augenblicks*, von Frankl auch als „Schrittmacher des Seins" bezeichnet. Ein wunderliches Wort, doch machen wir uns klar: Sämtliche Sinngehalte, persönlichen Ziele, Aufgaben, Werke, die ganze Hingabe an eine Sache oder an eine Person sind überhaupt nur zu verwirklichen, indem sie in kleinste Schritte unterteilt werden, in Augenblicke, in Einzelsituationen, von denen jede einmalig ist, nie mehr wiederkehrt, und ihre unwiederholbare Sinnaufforderung in sich trägt.

Warum Aufforderung? Nun, man kann nicht einen beliebigen Sinn aus dem Nichts herausgreifen, um dann hinzugehen und ihn zu erfüllen! Was würde dies bedeuten? Für den einen wäre es (in der Beliebigkeit) sinnvoll, ein Haus abzubrennen, einem anderen schiene es (in der Beliebigkeit) sinnvoll, ein Flugzeug in die Luft zu jagen. Der Mensch ist aber nicht derjenige, der Sinn zu definieren hat, wie er nicht derjenige ist, der mathematische Gesetze erzeugen kann. Dass die Wurzel von 169 die Zahl 13 ist, können wir nicht erfinden, wir können es nur herausfinden. Analog muss der jeweilige Sinn des Augenblicks – trotz und wegen subjektiver Ziel- und Wertvorstellungen – in jeder Einzelsituation neu entschlüsselt werden; ein Sinn, der nicht weniger objektiv vorgegeben ist als die Gesetzmäßigkeit mathematischer Operationen.

Der Meteorologe diktiert seiner Sekretärin den Wetterbericht für das Wochenende: „Anfangs noch heiter, dann langsame Eintrübung und am Nachmittag schauerartige Regenfälle." – „Schade", sagt die Sekretärin, „am Sonntag wäre ich gerne mit meinem Verlobten aufs Land gefahren." – „Na gut", antwortet der Meteorologe verständnisvoll, „dann streichen Sie die schauerartigen Regenfälle!"

Subjektivität und Objektivität an ihrer Berührungslinie zu verwechseln hieße, es jenem Meteorologen gleichzutun. Gerade im Sinn des Augenblicks zeigt sich ihre Unterschiedlichkeit trotz enger Berührung. Der Mensch findet sich in eine ihn umzüngelnde Welt eingebettet, zu der in Beziehung zu treten er eingeladen ist. Jedes an ihn herandriftende Eckchen Welt flüstert ihm zu, wie es von ihm behandelt und geformt werden möchte. Der Mensch versteht, interpretiert und beantwortet das Geflüster auf seine subjektive Weise, aber was er da versteht, interpretiert und beantwortet, ist objektiv wie das Wettergeschehen jenseits meteorologischer Prognosen.

Blenden wir anschauungshalber noch einmal auf das Beispiel von dem jungen Mann zurück, der den väterlichen Betrieb übernimmt, ohne in dieser Aufgabe einen tieferen Sinn zu sehen. Wir äußerten die Befürchtung, dass ihn die permanente Sinnfrustration in Krankheit und Fehlverhalten hineintreiben könnte. Es existiert jedoch ein weiterer Aspekt, der noch nicht zur Sprache gekommen ist, weil wir bisher allein die subjektiven Lebensumstände des Mannes betrachtet haben. Der objektive Tatbestand des Vorhandenseins dieses Betriebes besitzt einen Sinnaspekt in sich, und zwar die Aufforderung, ethisch-ökonomisch das Bestmögliche aus dem Betrieb zu machen. In dem Augenblick, da der junge Mann die Leitung des Betriebes übernommen hat, ist er nicht mehr bloß mit seinen eigenen subjektiven Phantasien über sinnvolle Lebensinhalte konfrontiert, sondern nicht minder konfrontiert mit dem objektiven Sinnanruf, gleichzeitig mit der Übernahme auch die Verantwortung für das Übernommene zu übernehmen. Demzufolge hätte er, wenn er sich zur Führung des väterlichen Betriebes nicht berufen fühlte, diesen gar nicht übernehmen dürfen, sondern ihn in berufenere Hände legen müssen, wenn er auf den Sinn des Augenblicks gehört hätte. So aber hat er nicht nur seine eigene Sinnsuche ins Leere einmünden lassen, er hat auch wider den Aufforderungscharakter der Situation gehandelt; das subjektiv und objektiv Sinnvolle haben einander an der Gegenwartslinie verfehlt.

Wenden wir uns im Gegensatz dazu dem Beispiel jenes Arztes zu, der sich die Aufgabe gestellt hat, ein wichtiges Serum zu entwickeln. Die Stunden, die er mit seiner Forschungsarbeit zubringt, mögen zu den aufreibendsten, verzichtintensivsten und dennoch erfüllendsten gehören. Allerdings wird auch ihn der gegenwärtige Sinn des Augenblicks oft von seinen Lieblingsstudien wegrufen, wenn er etwa in seiner Funktion als praktizierender Arzt oder als Familienvater gebraucht wird. Und auch er muss diesem Ruf gehorchen, wenn er den Frieden seines Herzens erhalten will. Denn wie könnte er sich „seelenruhig" seinen Labor-Untersuchungen widmen im Wissen, dass er dabei andere Aufgaben vernachlässigt, an die er sich verantwortlich gebunden hat?

Den Sinn des Augenblicks erfüllen bedeutet also, die übergeordneten Ziele und Werte, die uns als persönliche Sinngehalte unseres Lebens vorschweben, in Einklang zu bringen mit den jeweiligen konkreten Gegebenheiten und ihren Notwendigkeiten, in die wir hineingestellt sind. Genauso, wie der riesige, allgewaltige Letztsinn des Ganzen, der Übersinn in Frankl'scher Diktion, die „prima causa" des ganzen Kosmos sein muss, genauso sollte der winzige, tägliche Gegenwartssinn im Hier und Jetzt die „prima causa", die Primärmotivation unseres menschlichen Tuns und Lassens sein. Versäumte Augenblicke sind – Versäumnisse auf ewig.

> Der Vater ermuntert seinen faulen Sohn: „Was du einmal gelernt hast, kann dir später keiner mehr nehmen!" – „Stimmt, Vater, aber das, was ich nicht gelernt habe, auch nicht!"

Der Sohn hat Recht. Auch das nicht-getane Sinnvolle nimmt uns keiner mehr – ab.

Die Heilkraft eines sinnvollen Verzichts

Menschsein weist alle Mal über die physische und psychosoziale Dimension hinaus in eine geistige Dimension hinein, wo eben die Sinn- und Wertfragen angesiedelt sind. Weil das im Frankl'schen Heilungsansatz grundsätzlich mitbedacht wird, sind mit seiner Hilfe sogar Problemkomplexe aufzulockern, die zu den umstrittensten und schwierigsten in der Psychotherapie zählen. Einige Beispiele mögen dies illustrieren.

Da wäre zunächst die *Hysterie* („histrionische Störung") zu erwähnen, die den Ruf hat, nahezu unheilbar zu sein. Der Begriff der Hysterie wird nicht mehr gebraucht, weil er einen degradierenden Beigeschmack enthält; auch haben sich die Krankheitssymptome im Laufe der Jahrzehnte gewandelt. Dennoch sind heute wie früher jene Patienten nicht selten, die mit schauspielerischer Vollendung demonstrative Auftritte inszenieren, zu keinem anderen Zweck, als um ihre Mitmenschen zu manipulieren und ihnen gewisse Reaktionen (des Nachgebens, des Aufschreckens ...) abzupressen. Die Kranken scheuen dabei vor keinem Mittel zurück, auch nicht vor Selbstverstümmelung, Hungerstreik und ähnlichen gegen sich selbst gerichteten Waffen. Schmerz, Freude, Wut, Leidenschaft, Sterbewunsch und Lebenswille – alles ist bei ihnen mehr oder weniger unecht und wird in den Dienst der appellativen Zielsetzung gestellt, die an irgendwen adressiert ist.

„Warum spricht denn deine kleine Schwester noch nicht?", wird Jenny von ihrer Tante gefragt. „Warum sollte sie?", lautet die lakonische Gegenfrage. „Wenn sie heult, bekommt sie ohnehin alles, was sie will."

Ähnlich der kleinen Schwester hinken hysterische Menschen in der Sprache der Liebe nach. Was sie brauchen, verschaffen sie sich mittels „Geheul". Die veraltete Theorie, dass sie in ihrer Kindheit bezüglich Geborgenheit und Zuwendung zu kurz gekommen sind und aus einem ungeheuren, zum Teil unbewussten Nachholbedürfnis heraus nunmehr hysterische Anfälle produzieren, mittels denen sie zumindest kurzfristig die Aufmerksamkeit ihrer Mitwelt erzwingen können, mag bei manchen von ihnen zutreffen. Aber die Folgetheorie, dass mit einer Aufdeckung und Bewusstmachung solcher Zusammenhänge die Neigung zum hysterischen Gehabe automatisch nachlasse, ist unbewiesen geblieben. Der Hysteriker – wenn wir diesen Ausdruck der Einfachheit halber beibehalten wollen – ist ein Kranker, der krank sein *will,* der sich etwas von seiner Krankheit verspricht, sei es einen eigenen Vorteil, sei es die perverse Freude am Nachteil eines anderen, den er via Selbstquälerei unterdrückt oder „bestraft". Wie kann da therapeutisch gegengesteuert werden, wo doch jede Therapie den ehrlichen Wunsch zu gesunden voraussetzt? Die bloße Einsicht in den Werdegang einer Krankheit bedeutet noch lange nicht, dass der Wille zur Gesundung erwacht!

In der Logotherapie ist das Konzept des „sinnvollen Verzichtes" der Hebel, der die fest eingesessene Störung aus ihrer seelischen Verankerung kippen soll. Es ist das einzige aussichtsreiche Konzept, das ich kenne. Nur in dem Maße, als der Hysteriker über eine Aufstockung seines Wertbewusstseins (statt „Schlechte-Kindheit-Bewusstseins") die Bereitschaft erwirbt, einer oder mehreren Personen zuliebe seine Hysterie aufzugeben und auf die Schaustellung des jeweils nächsten Anfalles zu verzichten, ja, seine krankhafte Neigung sozusagen zum Opfer darzubringen, in dem Maße rettet er sich selbst.

Ihn heilen heißt, ihn zum freiwilligen sinnvollen Verzicht auf seinen Krankheitsgewinn zu motivieren.

> Ein Mann, der sehr stolz auf seinen Rasen war, stand plötzlich vor einer mit Löwenzahn übersäten Wiese. Er versuchte alles nur Denkbare, um den Löwenzahn loszuwerden, aber der kam immer wieder zum Vorschein. Schließlich schrieb er an das Landwirtschaftsministerium. Er zählte auf, was er alles probiert hatte, und schloss mit der Frage: „Was soll ich jetzt tun?" Zu gegebener Zeit kam die Antwort: „Wie wär's, wenn sie versuchten, den Löwenzahn schön zu finden?"
>
> *Anthony de Mello*

Ich kann aus meiner langjährigen Erfahrung mit Patienten bestätigen, dass es möglich ist, auf geistiger Ebene einen derartigen Gesinnungswandel zu vollziehen. Im Rahmen der Hysteriebehandlung gilt es für die Kranken, Personen „schön" zu finden, die sie bisher verachtet haben, einschließlich ihrer eigenen Person. Es gilt, den verkrampften Schrei nach pausenloser Rückbestätigung eigenen Gemochtseins zu beenden und sich selber dem Leben behutsam zuzuwenden. Ein bewegendes Beispiel, welche Wunder der „sinnvolle Verzicht" bewirken kann, ist die Geschichte einer jungen Mutter, die wegen grausamer Kindesmisshandlung vor Gericht gestanden ist, und deren Strafe auf Bewährung ausgesetzt worden ist mit der Auflage, sich vier Jahre lang in meine Behandlung zu begeben. In unseren Gesprächen lernte sie, auf ihre hysterischen Ausbrüche zu verzichten, um ihre Schuld abzutragen. Nach der Geburt ihres zweiten Kindes mauserte sie sich zu einer vorzüglichen Mutter, was ihr auch das Jugendamt bescheinigte, indem es ihr das Neugeborene überließ. Die Patientin hat es geschafft, Mann, Kinder und Freunde „schön" zu finden, und hat dabei an eigener „Schönheit" gewonnen.

Die Kunst, Unwichtiges zu ignorieren

Ein weiteres psychologisches Problem, mit dem wir ohne ergänzende logotherapeutische Intervention kaum klarkommen, ist das Phänomen der *Hyperreflexion*. Nicht ohne Grund hat sich Frankl in seinen Schriften damit beschäftigt; jeder Arzt, Berater und Seelsorger kennt dieses Phänomen zur Genüge. Es handelt sich um das emotionale Aufbauschen von Kleinigkeiten, verbunden mit einem unentwegten gedanklichen Rotieren um sie. Die Hyperreflexion macht aus jeder Mücke den sprichwörtlichen Elefanten und lässt den Menschen niemals zur Ruhe kommen. So klein seine Sorgen auch sein mögen, durch das ständige Sie-Bedenken bläht er sie zu unproportionaler Größe auf, bis er unter ihrem Gewicht zusammenbricht. Die Hyperreflexion ist definierbar als das Wichtignehmen einer unangenehmen Sache, die es gar nicht lohnt, wichtig genommen zu werden, oder auch als innere Fixierung an einen an sich bedeutungslosen negativen Inhalt, der durch diese Fixierung ständig mehr und negativere Bedeutung erhält. Sie nimmt schnell „Teufelskreiszüge" an.

Wieder stellt sich die Frage, wie therapeutisch gegengesteuert werden kann, wenn doch jeder Kummer, der vielleicht unter mühevollem therapeutischem Aufwand verringert worden ist, sich kraft der Hyperreflexionsneigung eines Patienten alsbald erneut ausdehnt. Was sprengt den Circulus vitiosus?

> Peter schreibt seiner Geliebten: „Ich kann morgens nichts essen, weil ich immer an dich denken muss. Ich kann abends nichts essen, weil ich an dich denken muss. Und ich kann die ganze Nacht nicht schlafen, weil ich einen teuflischen Hunger habe."

Frankl hat ein therapeutisches Instrument entwickelt, das Leuten wie Peter helfen kann: die *Dereflexionsmethode*. Sie zielt darauf ab, die Aufmerksamkeit eines Patienten konsequent auf einen anderen Inhalt aus dessen Leben zu lenken, der so fesselnd und sinnreich ist, dass der Patient von seinem hyperreflektierten „Kümmerchen" vorübergehend ablassen kann, woraufhin dieses – eine gewisse Zeit lang unbeachtet – schrumpft und mitunter völlig verschwindet.

Die Doppelkraft der Dereflexion, nämlich: das Hinlenken der Reflexion auf echte Werte und parallel dazu das Ablenken der Reflexion von „Ballaststoffen im Hirn", bildet ein immenses Schutzschild gegen die heute verbreitete Chronifizierung von Krankheiten. Ähnlich wie die Hysterie, die leicht vom psychischen auf den körperlichen Bereich überspringt, produziert nämlich auch die Hyperreflexion physiologische Auswirkungen. Wer kennt nicht die typischen Magenbeschwerden, Herzbeklemmungen, Kopfschmerzen und schlaflosen Nächte, die durch Grübeleien bzw. durch die Dramatisierung von alltäglichen Missstimmigkeiten entstehen, durch Mini-Frustrationen, die wie unüberwindbare Hindernisse erscheinen und den ganzen Organismus belasten?

Was aber passiert, wenn von vornherein, noch bevor der aufheizende Mechanismus der Hyperreflexion überhaupt anläuft, bereits geringfügige funktionelle Schäden bei Menschen vorhanden sind, wie sie unsere Urbanisierung und Umweltverschmutzung unweigerlich mit sich bringen? Müssen sich diese Vorschäden unter dem Dauerdruck der Hyperreflexion nicht zu Dauerkrankheiten verschärfen? In der Tat leben wir laut Ärztestatistik mittlerweile im „Zeitalter der chronisch Kranken". Im Jahr 1901 sind rund 46 Prozent der Todesfälle in Deutschland als Folge von chronischen Krankheiten registriert worden. 1955 waren es 81 Prozent, und jenseits der Jahrtausendschwelle mögen es über 90 Prozent sein. Fachkundige Ärzte meinen dazu, dass es bei den chronisch Kranken weniger um Befunde, als um Befindlichkeiten geht, und weniger um das reale Krankheitsgeschehen als um die Einstellung zur Krankheit. Dies ist treffend formuliert. Es ist ganz entscheidend, ob ein Mensch sich hauptsächlich mit seinen Einschränkungen befasst und sie also hyperreflektiert, oder ob er trotz mancher Handikaps imstande ist, seine Aufmerksamkeit auf die Ausschöpfung der freien Gestaltungschancen seines Lebens zu richten und also den Impuls zu einer gesunden Dereflexion aufgreift. Die Logotherapie jedenfalls ist vorbereitet auf das steigende Krankheitschronifizierungsproblem unserer Kultur; ihre „Hausapotheke" ist mit kostbarer Vorsorgearznei bestückt.

„Das Kloster des Leermonds", sagte Lord Shantih einmal seinem Begleiter, „hat kein Tor."

„Aber wie halten sie die Diebe fern?", fragte sein Begleiter.

Lord Shantih sagte: „In einem Kloster gibt es nichts zu stehlen. Alles, was echten Wert hat, wird weggegeben."

„Und was ist mit Störenfrieden?", fragte der Begleiter. „Wie halten die Mönche sie von sich fern?"

„Die Mönche ignorieren sie", antwortete Lord Shantih.

„Aber funktioniert das?"

Lord Shantih hielt sich die Ohren zu, schloss die Augen und gab keine Antwort.

Schließlich verließ ihn sein Begleiter voll Verdruss. „Es funktioniert tatsächlich!", rief Lord Shantih ihm nach.

Thomas Wiloch

Ja, die Frankl'sche Methode der Dereflexion funktioniert tatsächlich. Das Wertvolle im Verschenken und Sich-an-es-Verschenken zu honorieren, und das Störende, Unwichtige zu ignorieren ist eine hohe Kunst, die notfalls therapeutisch erlernt werden kann.

Die Fähigkeit zur Selbsttranszendenz

Der Hyperreflexion verfallen kann eigentlich nur jemand, der sich vorwiegend mit sich selbst beschäftigt. Er findet kein Glück, denn Glück ist stets an eine Spur von Selbstvergessenheit gebunden, an ein Über-sich-selbst-Hinauslangen im erfüllten Schaffen oder in der Hingabe an eine Liebe. Frankl sprach von der geistigen Fähigkeit des Menschen zur *Selbsttranszendenz*, also zur „Durchlässigkeit" der Eigeninteressen im wahrhaftigen Interesse an etwas, das nicht wieder bloß mit dem Selbst zu tun hat. Damit hat Frankl ein genuines Alternativkonzept zum Selbstverwirklichungskonzept von Abraham Maslow erstellt, welches in den 1970er- und 80er-Jahren hochaktuell war, aber inzwischen viele Fragen aufgeworfen hat. Alle, die in der psychologischen Beratungsarbeit stehen, sind ja ebenfalls mit einem „chronisch Kranken" befasst, und das ist die Familie. Wie häufig hat das Streben nach Selbstverwirklichung vor dem Scheidungsrichter geendet! Wie oft hat die Betonung eines Totalanspruchs auf Bedürfnisstillung zur Liebesunfähigkeit geführt! Wie viele „broken homes" gehen auf das Konto einer übersteigerten Emanzipationsbewegung! Und wie viele Kinder haben unter dem unreifen Egoismus ihrer Eltern gelitten, denen marktschreierisch eingeflößt wurde, sich von sexuellen und sonstigen Hemmungen zu befreien, aber nicht beigebracht wurde, Verantwortung zu tragen! Freilich ist längst ein Umdenken im Gange, doch die Spätschäden sind erheblich, und Alternativideen sind spärlich. Hier kann das Konzept von der Selbsttranszendenz menschlicher Existenz eine gewaltige Lücke schließen.

> Eine Hausfrau bespricht mit ihrem Mann die Ausgaben für den nächsten Monat: „Wenn wir die zwei Raten für die Waschmaschine und eine Rate für den Kühlschrank schuldig bleiben, dann können wir uns die Anzahlung für ein neues Videogerät leisten."

Waschmaschinen, Kühlschränke, Videogeräte ... sind sie die Essenz unseres Daseins? Es spricht für die Jugend, die zu allen Zeiten die Glut der Revolution in der Asche verglimmender Traditionen angefacht hat, dass sie in Scharen aus der elterlichen Egozentrik und Konsum-Mentalität ausgestiegen ist. Dass ein kleiner Teil von ihr dabei „zu weit" ausgestiegen und am „Null Bock auf nichts"-Tiefpunkt gelandet ist, ist jedoch bedauerlich. Wo beim Zurückschrauben der Selbstverwirklichungsillusion die Fähigkeit zur Selbsttranszendenz nicht in gegenläufigem Tempo wächst, dort steht der Lebensmotor ein Weilchen still, und das ist gefährlich. Vor allem aber kann dann therapeutisch nicht nach altem Muster geholfen werden, denn da gibt es keine Traumas zurückzuverfolgen, und keine greifbaren Ursachen aus der Vergangenheit aufzurühren. Ohne Durchlässigkeit der Eigeninteressen auf etwas Höherwertiges oder Übergeordnetes hin ist beim Wegfall der Eigeninteressen alle Gegenwart leer.

An einem 24. Dezember schrieb eine 17-jährige Schülerin aus München ihren Eltern einen Brief des Inhalts, sie mögen nicht nach ihr suchen. Dann fuhr sie in den Wald hinaus, übergoss sich mit Spiritus und zündete sich an. Sie verbrannte am Weihnachtstag. Die Polizei bemerkte dazu in ihrem Abschlussbericht, dass das Mädchen weder Schulschwierigkeiten noch Liebeskummer gehabt hatte, und auch im Elternhaus nichts vorgefallen war, das irgendein Tatmotiv hätte vermuten lassen. Sie sprach von einer plötzlichen grundlosen Depression.

Eine „plötzliche grundlose Depression" bei einer 17-Jährigen? Ein junges, gesundes Geschöpf, dem die Lust am Leben fehlt? Derlei Katastrophen vorzubeugen bedarf es keiner *aufdeckenden* Psychotherapie, die einer düsteren Ursachenrekonstruktion nachgeht, sondern einer *entdeckenden* Psychotherapie, die die Neugierde auf spannende Überraschungen und Wendungen, Hindernisse und Über-Mauer-Sprünge weckt, wie sie bei jedem persönlichen Engagement für irgendeinen verbesserungswerten Zipfel dieser Welt auftauchen. Nur eine sinnzentrierte Psychotherapie hat eine Chance, den „Null Bock auf nichts" zu überwinden, und nur eine entdeckende Psychologie kann Visionen enthüllen, die zwar noch nicht im Buch der Vergangenheit niedergelegt sind, dafür aber auf den weißen Blättern der Zukunft auf ihre Ausgestaltung warten.

> Es war einmal ein Mann, der starb und fand sich an einem wunderschönen Ort wieder, umgeben von allem erdenklichen Komfort. Ein Diener im weißen Jackett kam auf ihn zu und sagte: „Sie können alles haben, was Sie wollen – alle Speisen – alle möglichen Vergnügen – alle Arten von Unterhaltung."
>
> Der Mann war hocherfreut. Tagelang probierte er von all den Delikatessen und Erfahrungen, von denen er auf Erden geträumt hatte. Doch bald wurde ihm langweilig und er rief den Wärter zu sich und erklärte: „Ich bin dies alles müde. Ich brauche etwas zu tun. Welche Art von sinnvoller Arbeit kannst du mir geben?"
>
> Der Wärter schüttelte traurig den Kopf und antwortete: „Es tut mir leid, mein Herr. Das ist das Einzige, was wir nicht für Sie tun können. Es gibt hier keine Aufgabe für Sie."
>
> Worauf der Mann entgegnete: „Eine schöne Bescherung! Ebenso gut könnte ich in der Hölle sitzen!" Der Wärter sagte sanft: „Was glauben Sie, wo Sie sind?"
>
> *Margaret Stevens*

Es besteht der dringende Verdacht, dass dies die irdische Hölle gewesen ist, aus der die 17-Jährige mit ihrem furchtbaren Entschluss hat ausbrechen wollen. Armes Kind! Hat ihr niemand die Botschaft vermittelt, dass reichlichst Arbeit auf sie wartet – nicht bloß schulische oder berufliche Arbeit, sondern intensive Mitarbeit an der Eroberung einer menschenwürdigen Zukunft für alle? Hat ihr niemand glaubhaft verdeutlichen können, dass sie noch ein wichtiges Rendezvous mit dem Leben hat?

Das Oppositionspärchen Angst und Humor

Ein anderes großes Gebiet der Psychotherapie, das einer logotherapeutischen Ergänzung bedurfte, ist das umfassende Kapitel der *Ängste und Zwänge*. Wenig seelische Entgleisungen sind so zäh wie das Störungsbild abnorm übersteigerter Angst- und Zwangsvorstellungen, die, einmal niedergekämpft, beharrlich wieder hochkommen und ihre Opfer bis zur Erschöpfung quälen. Der Laie kann kaum nachempfinden, wie massiv solch krankhafte Ängste werden; sie können ab einer gewissen Stärke Vernunft und Denkvermögen eines Menschen völlig außer Kraft setzen, obwohl es sich bei ihnen um eine rein emotionale Irritation und nicht um einen intellektuellen Defekt handelt.

In leichten Fällen von Angst- und Zwangsneurosen mag eine Deutung der Entstehungsgeschichte hilfreich sein; bei schweren Fällen nützt sie überhaupt nichts. Ein Gleichnis soll zum Verständnis dieser kategorischen, aber praxiserprobten Aussage beitragen. Nehmen wir an, jemand hat sich in einem Labyrinth verirrt. Hat er erst seit kurzer Zeit seine Orientierung verloren, kann es für ihn förderlich sein, stehen zu bleiben und nachzudenken, auf welchen Wegen er in das Labyrinth eingedrungen ist, um auf denselben Wegen in umgekehrter Richtung wieder hinauszugelangen. Noch ist die Erinnerung an Vergangenes klärend. Ist der Betreffende allerdings bereits Tage und Nächte durch das Labyrinth geirrt und mehrmals im Kreise gelaufen, bringt ihm der Rekonstruktionsversuch seiner bisherigen Pfade nichts mehr, denn es ist aussichtslos für ihn, die entscheidenden Weggabelungen wiederzufinden. Jetzt ist es nicht an der Zeit, dem Hineinweg nachzuspüren, sondern einzig sinnvoll, einen Hinausweg zu suchen, und zwar unter Anspannung aller verfügbaren Kräfte, notfalls sogar unter Niederreißung der ihn umgebenden Wände, die ihn gefangen halten.

Verallgemeinernd lässt sich für die Seelenheilkunde feststellen: Je kritischer eine Situation ist, desto weniger nützt dem

Betreffenden das Wissen um ein „Deswegen", und umso notwendiger wird die Kraft zu einem „Dennoch". So betrachtet kann die gesamte Entwicklung von der Tiefenpsychologie zur „Höhenpsychologie" (wie die Logotherapie auch genannt wird) als eine Entwicklung vom „Deswegen" zum „Dennoch" definiert werden, als der Fortschritt von der minuziösen Aufhellung seelischer Niederlagen bis hin zum generösen Einsatz der „Trotzmacht des Geistes" (Frankl), die selbst Wände seelischer Verwirrung noch einzureißen vermag, wenn es sein muss.

Das Werkzeug aber, das aus dem Labyrinth krankhafter Ängste und Zwänge befreit, ist Frankls geniale Erfindung der *paradoxen Intention*, einer Methode, die neben der Mobilisierung geistiger Trotzkräfte beim Patienten einen Verbündeten hinzuzieht, der nicht minder stark ist als dessen Angst, nämlich den Humor.

> Ein Hundertjähriger wird anlässlich der vielen Gratulationen von einem Reporter gefragt, welchem Umstand er es verdanke, dass er ein derart hohes Alter erreicht habe. „Wenn ich darüber nachdenke", meint der Jubilar verschmitzt, „habe ich es hauptsächlich dem Umstand zu verdanken, dass ich vor genau 100 Jahren auf die Welt gekommen bin."

Kein Wunder, dass jener Jubilar so alt geworden ist! Der Humor hilft, auf Stressfaktoren gelassen zu reagieren, wodurch unerfreuliche Dinge keine Oberhand gewinnen. Man steht gleichsam über ihnen, was Körper und Seele entlastet. Für einen Angstpatienten kann dies die Rettung aus einer jahrzehntelangen Gefühlsverstrickung bedeuten. Lernt er es, „Frau Angst" oder „Herrn Zwang" heroisch ins Gesicht zu lachen, wann immer diese ihn heimtückisch überfallen wollen, wird er nie mehr deren Opfer. Der Triumph über seine Schwäche lässt ihn erstarken. Es scheint unglaublich, doch gelingt ein solches Auslachen der eigenen Symptome in der Tat durch einen ebenso einfachen wie wirkungsvollen Trick: Der Gegenstand der

Angst selbst wird im Gedankenspiel herbeizitiert, ja, in allen denkbaren Übertreibungen (pseudo-)ersehnt, als wäre es das Erbaulichste und Wünschenswerteste auf der Welt, wenn exakt dasjenige geschähe, was man die ganze Zeit panisch gefürchtet hat.

„Frau Angst" droht mit weichen, unkontrollierbaren Knien und einer Riesenblamage beim Faschingsball – und empfiehlt vorsorglich tausend Ausreden zur Absage? Na, die wird staunen, wenn ihr plötzlich der mächtige Wunsch des Patienten entgegentritt, just zum „Clown des Jahres" gekürt werden zu wollen, indem er eine Ballnacht lang die anwesenden Gäste mit ununterbrochenem Stolpern über seine eigenen Beine unterhält! „Frau Angst" wird samt ihrer Palette an Ausreden kläglich abziehen müssen. „Herr Zwang" droht mit giftigen Rückständen in geleerten Joghurtbechern und ähnlichen Plastikverpackungen – und empfiehlt vorsorglich ein tausendmaliges Auswaschen? Auch er wird verdattert aufgeben müssen, wenn ihn das kauzige Vorhaben des Patienten anlächelt, die Stadt mittels weggeworfener Joghurtbecher entvölkern zu wollen, um endlich Wohnraum für die nächste Generation zu schaffen ...

Bei der Anwendung der „paradoxen Intention" kann man fast zuschauen, wie sich Türen beim Patienten öffnen, die seit Jahren verschlossen gewesen sind. Sobald er das furchtvoll Vermiedene oder zwanghaft Bekämpfte wenigstens für Minutenbruchteile innerlich herbeiordert, und sei es auf die komischste Art, fällt die Angst von ihm ab, denn Wunsch und Angst hemmen einander; sie heben sich gegenseitig auf. Die emotionale Stabilität kann zurückkehren. Und natürlich wird keiner zum Clown oder zum Stadtentvölkerer, bloß weil er sich kurz und humorvoll mit dem Antipol seines inneren Horrors identifiziert. Er wird bloß eines: frei.

Ist doch der Angst- und Zwangsneurotiker, symbolisch ausgedrückt, gar nicht wirklich in einem Labyrinth eingekerkert, sondern steht vielmehr wie vor einer einzelnen Wand, an die er sein Gesicht presst, weil er sich verloren glaubt. Sagt er sich dann couragiert und paradoxerweise, gar nirgends anders hausen zu wollen als in einem großen prächtigen Labyrinth mit vielen romantischen Schlupfwinkeln und Sackgassen, kann er sich mit einem Lächeln umdrehen und erkennen, dass hinter ihm – freies Land ist. Die Paradoxie enttarnt die Irrationalität seines in der Phantasie aufgeblähten Angstgebildes.

Dass sie nicht nur Phantomängsten die Stirn bieten kann, erzählt die folgende Geschichte:

> Während einer Bürgerkriegszeit in Korea gab es einen General, der seine Truppen von Provinz zu Provinz führte und alles tötete, was sich ihm in den Weg stellte. Die Bewohner einer Stadt wussten schon, dass er kam, und da sie die Geschichten über seine Grausamkeit gehört hatten, flohen sie in die Berge. Der General zog mit seinen Truppen in die leere Stadt ein und schickte seine Leute los, die Häuser zu durchsuchen. Einige Soldaten kamen zurück und berichteten, dass nur eine Person dageblieben war, ein Zen-Priester. Der General marschierte zum Tempel, trat ein, zog sein Schwert und sagte: „Weißt du nicht, wer ich bin? Ich bin der, der dich niedermetzeln kann, ohne mit der Wimper zu zucken."
>
> Der Zen-Meister sah ihn an und entgegnete ruhig: „Und ich, mein Herr, bin einer, den man niedermetzeln kann, ohne dass er mit der Wimper zuckt." Als der General dies vernahm, verbeugte er sich und ging.

Die neurotisch-überzogene Angst macht es dem General gleich. Sie verheert die Provinzen der Seele, wenn man ihre pessimistischen Prophezeiungen ernst nimmt und davor flüchtet. Aber sie verschwindet, sobald man ihr ins Auge blickt und signalisiert: „Ich bin jemand, dem du beliebig drohen kannst, ohne dass es ihn im Geringsten beeindruckt."

Innere Einstellung als letzte Freiheit

Die Methode der „paradoxen Intention" ist nicht anwendbar, wenn es sich um eine realistische Gefahr oder einen echten Notfall handelt. Die berechtigte Sorge, die begründete Trauer sind keine seelischen Disharmonien, die es psychologisch aufzuarbeiten gilt, sondern objektive Sachverhalte, die zum Leben unausweichlich dazugehören. Dann erhebt sich die Frage: Wo finden Menschen Trost in schwerer Zeit? Frankl hat für jene Trostbedürftigen, die ein heftiger Schicksalssturm in die seelenärztlichen Praxen hineinweht, eine Form von „Ärztlicher Seelsorge" geschaffen. Sie ist gleichsam im Vorfeld der theologischen Seelsorge angesiedelt und befasst sich innerweltlich mit der *tragischen Trias* „Leid, Schuld und Tod", ohne dabei den Zugang zu überweltlichen Sinndeutungen und Tröstungen zu versperren.

Die Angst- und Zwangskrankheiten mögen kompliziert zu heilen sein, aber immerhin sind sie heilbar; ein unabänderliches Leiden hingegen, eine nicht-wieder-gut-zu-machende Schuld oder der nahende Tod sind nicht heilbar, sie sind höchstens unter Schmerzen bewältigbar. Diese Labyrinthe sind fest gemauert, diesen Wänden können wir Menschen die Stirn nicht bieten. Dennoch gibt es eine Freiheit, die wir selbst solchen Gegebenheiten gegenüber noch besitzen bis zu unserem letzten bewussten Atemzug, und das ist die Freiheit unserer geistigen Einstellung. Wie wir uns zum Schicksalhaften einstellen, bleibt unsere ureigene Sache.

In der Logotherapie wird versucht, diese letzte Freiheit für die Leidtragenden ergreifbar und verfügbar zu machen, um ihnen eine Versöhnung mit dem Schicksal zu erleichtern. In behutsamen Gesprächen werden Argumente für eine *Einstellungsmodulation* angeboten und gemeinsam erwogen. Lässt sich das Furchtbare variabel interpretieren? Kann dem Schrecklichen eine Positivperspektive abgerungen werden? Ist Leid in eine menschliche Leistung, ist eine Tragödie in einen inneren

Triumph zu verwandeln (Frankl)? – Hier ein Beispiel aus meiner Praxis:

Ein Schweizer Ehepaar kam nach München gereist. Die Frau bat mich inständig, ich möge ihrem Manne helfen, der bereits bei sechs Psychiatern gewesen war, ohne Erfolg. Die verschriebenen Medikamente würden ihn zwar betäuben, doch die Hoffnungslosigkeit nicht von ihm nehmen. Das Ehepaar hatte ein Jahr zuvor den einzigen Sohn und Hoferben durch einen Autounfall verloren. Seitdem war der Mann in Passivität versunken, ließ den Hof verwahrlosen, sprach mit niemandem und äußerte nur hin und wieder, dass sowieso alles keinen Sinn mehr habe und er sich am liebsten eine Kugel in den Kopf jagen wolle.

Der Mann war lediglich auf Drängen seiner Frau mitgekommen und saß mit unbewegter Miene bei mir am Tisch. Ich wusste, es gab nichts, das ihn erreichen würde – außer einem, und deswegen fragte ich ihn: „Sagen Sie, Herr X., wenn Sie noch etwas für Ihren Sohn tun könnten, wären Sie dazu bereit?" Er blickte auf und nickte: „Ich würde alles für ihn tun", antwortete er mit heiserer Stimme. „Nun, es gibt etwas, das Sie für Ihren Sohn tun können", fuhr ich fort, den Blickkontakt mit dem Manne haltend, „und das kann kaum jemand anderer für ihn tun, als Sie." Die Aufmerksamkeit des Patienten wuchs, und ich spann den Faden weiter: „Sehen Sie, bisher ist dem Tod Ihres Sohnes nur Unglück entsprungen. Sie sind krank vor Kummer, der Hof gedeiht nicht, Ihre Frau ist verzweifelt ... alles Gute, das Ihr Sohn im Leben angestrebt haben mag, das er durch sein Lebendigsein in die Welt gesetzt hätte, ist durch seinen Tod abgestoppt worden – es sei denn, auch seinem Tod würde noch etwas Gutes entspringen, etwas, das sein Leben und Sterben rückwirkend sinnvoll macht. Aber das liegt nicht mehr in seiner Hand. Er ist darauf angewiesen, dass jemand anderer dieses Gute für ihn und in seinem Namen fortführt, sein Vater zum Beispiel, und dadurch verhindert, dass er umsonst gestorben ist."

Die Augen des Mannes wurden feucht. „Wie kann Gutes aus seinem Tod entspringen?", ächzte er. Darauf musste er selbst die Antwort finden, ich konnte ihm nur die Richtung weisen. Ich sagte: „Angenommen, Sie würden Ihr Land wieder zur Blüte und Frucht bringen und Ihr Haus öffnen für Wanderer und Bedürftige. Jedem, der bei Ihnen einkehrt, Ihre Gaben in Empfang nimmt und verwundert frägt, woher Sie Ihre Barmherzigkeit nehmen, könnten Sie erwidern: ‚*aus dem Andenken an meinen Sohn*. Er ist jung von uns gegangen, doch ich möchte, dass viele Menschen mit Freude und Dankbarkeit seiner gedenken'."

Bei meinen Worten beugte der Mann den Kopf in seine Hände und weinte eine halbe Stunde lang bitterlich, zum ersten Mal seit einem Jahr. Niemand störte ihn dabei. Dann stand er auf und half seiner Frau in den Mantel. „Lass uns nach Hause fahren", sagte er zu ihr, „wir haben manches versäumt. Aber jetzt werden wir das Andenken unseres Sohnes ehren …". Der Mann war dem Leben zurückgegeben.

> Vielleicht kann die Existenzweise des Seins am besten durch ein Symbol verdeutlicht werden, das ich dem Schweizer Glasmaler Max Hunziker verdanke: Ein blaues Glas erscheint blau, weil es alle anderen Farben absorbiert und sie so nicht passieren lässt. Das heißt, wir nennen ein Glas blau, weil es das Blau gerade nicht in sich behält. Es ist nicht nach dem benannt, was es besitzt, sondern nach dem, was es hergibt.
>
> *Erich Fromm*

Genauso ist der Mensch nie Mensch durch das, was er besitzt, sondern stets durch das, was er hergibt. Diesem Geheimnis des Seins auf die Spur zu kommen, kann ein schmerzlicher Prozess sein, bei dem sich die Trauer als eine vorzügliche Gehilfin erweist. Lehrt sie uns doch früher oder später: in Liebe herzugeben.

Es hat sich immer wieder bestätigt, dass jedes Schicksal, und sei es noch so hart, seelisch zu ertragen ist, wenn es mit einem Sinnzusammenhang verknüpft werden kann, den man bejaht. Umgekehrt sind nicht einmal die besten Lebensbedingungen ohne irgendeine Sinnwahrnehmung erträglich. Verallgemeinert heißt das, dass die wirtschaftliche Lage einer Gesellschaft weder die Seligkeit des Einzelnen im Wohlstand, noch die Verzweiflung des Einzelnen in der Rezession garantiert. Das Glück im Wohlstand muss sogar hart erkämpft werden, weil zahllose Verführer in die Sinnentfremdung locken. (Besitz-)Haben geht nicht selten auf Kosten des Seins. Aber selbstverständlich können die reichen Gegebenheiten einer Wohlstandsepoche auch sinnvoll genützt werden, um Werke zu initiieren, die unter schlechteren Umständen nicht finanzierbar wären, wie Werke der Nächstenliebe, der Kunst oder der wissenschaftlichen Forschung. Ähnliches gilt für Rezessionsepochen: Arbeitslosigkeit, Pensionskürzungen, Firmenpleiten und wachsende Armut sind gravierende Einbrüche und haben dennoch ihre unerwarteten positiven Möglichkeiten, indem sie zur Selbstverantwortung erziehen, das Gemeinschaftsgefühl stärken, die Technik in ihre Grenzen weisen und die Menschlichkeit wieder als oberstes Gut sichtbar machen.

Eine schöne, grünende Oasis sah um sich und erblickte nichts als die Wüste rings umher; vergebens suchte sie, ihresgleichen gewahr zu werden. Da brach sie in Klagen aus: „Ich unglückliche, vereinsamte Oasis! Allein muss ich bleiben! Nirgends meinesgleichen! Nirgends auch nur ein Auge, das mich sähe und Freude hätte an meinen Wiesen, Quellen, Palmbäumen und Gesträuchern! Nichts, als die traurige, sandige, felsige, leblose Wüste umgibt mich. Was helfen mir alle meine Vorzüge, Schönheiten und Reichtümer in dieser Verlassenheit!"

Da sprach die alte, graue Mutter Wüste: „Mein Kind, wenn dem anders wäre, wenn ich nicht die traurige, dürre Wüste wäre, sondern blühend, grün und belebt, dann wärst du keine Oase, kein begünstigter Fleck, von dem, noch in der Ferne, der Wanderer rühmend erzählt; sondern wärst eben ein kleiner Teil von mir und als solcher verschwindend und unbemerkt. Darum also ertrage in Geduld, was die Bedingung deiner Auszeichnung und deines Ruhmes ist."

Arthur Schopenhauer

Gegen eine wirtschaftliche Rezession mögen wir ohnmächtig sein, gegen eine Rezession unserer geistig-seelischen Verfassung können wir uns jedoch aktiv wehren. Wir müssen nur darauf achten, die jeweils richtige innere Einstellung zu finden, die aus einer Not eine Tugend macht und uns als geistige, freie und sinnverpflichtete Wesen auszeichnet.

Vielleicht müssen wir Menschen, die wir uns in geistiger Freiheit „so oder so" zu jedem Schicksal einstellen können, auch die Bedingung unserer Auszeichnung akzeptieren: Alles „So-oder-so" liegt – ausschließlich bei uns.

Das Aufzeigen eines Wertes an sich

Wechseln wir von der Metapher „Wüste" zur Metapher „Himmel" und stellen wir einen kleinen Vergleich zwischen den Ansichten des Begründers der Psychoanalyse und denen des Begründers der Logotherapie an. Sigmund Freud schrieb in einem Brief an Marie Bonaparte wortwörtlich: „Im Moment, da man nach Sinn und Wert des Lebens fragt, ist man krank, denn beides gibt es ja in objektiver Weise nicht. Sie werden mich nach meinem Tode in Ihrer freundlichen Erinnerung fortleben lassen – die einzige Art der Unsterblichkeit, die ich anerkenne. Den Himmel überlassen wir den Engeln und den Spatzen." Viktor E. Frankl drückte sich in seinem Buch „Der leidende Mensch" diesbezüglich ehrfurchtsvoller aus. Er schrieb: „Den Himmel können wir nicht sehen – auch wenn wir ihn mit dem stärksten Scheinwerfer ableuchten. Sehen wir dann etwas, etwa eine Wolke, so beweist das nur, dass es eben nicht der Himmel ist, den wir da sehen. Und doch sind gerade die – sichtbaren – Wolken das Symbol des – unsichtbaren – Himmels."

Die Divergenz in den Ansichten der beiden großen Seelenärzte spiegelt sich auch in ihren Haupttendenzen wider. Freud trachtete danach, das subjektiv Unechte im Menschen zu entlarven bzw. aus unbewussten psychodynamischen Prozessen abzuleiten. Für ihn dümpelte der „Himmel" in den niedrigen Gefilden heimlich-primitiver Wünsche. Frankl hingegen suchte das Echte, das „spezifisch Humane" im Menschen zu finden und auf objektive Werte in der Welt auszurichten. Er verstand unter „Himmel" jenen Sinn- und Wertehorizont, unter dem sich menschliches Leben in seiner Eigentlichkeit entfaltet.

Im Folgenden möchte ich *drei Heilungsansätze* aus dem Repertoire der Logotherapie vorstellen, die für die Frankl'sche Position charakteristisch sind. Den Ersten nenne ich: „Das Aufzeigen eines Wertes an sich", den Zweiten: „Die Anhebung des Lebenswertgefühls", und den Dritten: „Den Umgang mit Wertkonflikten und Wertverlusten". Diesen drei therapeutischen Leitmotiven können drei Sammelbegriffe zur Seite gestellt werden, die das angepeilte Ziel schlagwortartig umschreiben, nämlich: Vernunft, Vertrauen und Versöhnung.

Wenden wir uns dem ersten Heilungsansatz zu, dem „Aufzeigen eines Wertes an sich". Psychisch labile, kranke oder verirrte Menschen weisen eine Gemeinsamkeit auf, die nahezu ihnen allen anhaftet, unabhängig vom individuellen Problem, und das ist eine Art Unterjochung unter die eigene Gestimmtheit. Sie sind fixiert auf ihr Unglück und völlig damit beschäftigt, sich darüber zu beschweren, sich davor zu fürchten, sich dafür zu rächen, sich davor zu drücken, sich darunter zu begraben ..., wie auch immer, das Unglück dominiert ihr Leben.

Dies bewirkt eine zunehmende Blindheit für Werte, die außerhalb von ihnen und ohne Konnex mit ihrer misslichen Lage ringsum existieren. Die Blindheit macht ihr Leben arm und leer. Je ärmer und leerer es zu sein scheint, desto unglücklicher werden sie natürlich – ein „Teufelskreis" schmiedet sich zurecht. Da genügt es nicht, mitzuhelfen, ihr Unglück aus der Welt zu schaffen, man muss auch ihre seelische Fesselung an das Unglück mit aus der Welt schaffen, indem man ihre Wertefühligkeit „aufpoliert".

Wandert zum Beispiel ein deprimierter Mensch durch eine sonnige Herbstlandschaft, wird er wahrscheinlich das samtgoldene Kleid der Natur kaum wahrnehmen. Möglicherweise kann seine Stimmung per Pillen künstlich aufgelichtet werden, damit ist jedoch die Schönheit der Landschaft noch nicht in sein Herz gedrungen. Ein anderes Beispiel: Ein Jugendlicher mit Liebeskummer mag die Enttäuschung über die gescheiterte Beziehung an seiner Herkunftsfamilie auslassen, wobei er blind und taub ist für die Nachsicht und Geduld, die ihm dort entgegengebracht wird. Man kann ihn trainieren, seine überschüssigen Aggressionen lieber im sportlichen Wettkampf als beim häuslichen Abendessen abzureagieren, aber damit ist ihm das Geschenk der Geborgenheit in seiner Familie noch nicht unbedingt zu Bewusstsein gekomen.

Denken wir die gegenteilige Variante durch. Ist ein deprimierter Mensch dennoch fähig, die herbstlich-leuchtenden Farbkompositionen in der Natur zu erkennen, wird er neben seiner Beschwernis ein Stück Gnade „einfangen", das ihn zusätzlich (wenn nicht sogar mehr) stärkt als die Aufputschmittel. Analog mag es den Jugendlichen in seinem Liebeskummer trösten, wenn er imstande ist, über seinen persönlichen Ärger hinaus die Zuwendung und Opferbereitschaft derjenigen Menschen zu erkennen, die nach wie vor für ihn da sind. Nicht, dass eine Liebe eine andere ersetzen könnte, aber Bitternis versüßen vermag sie allemal.

Es rann ein Bach durch eine Wiese,
die an den schönsten Blumen reich
und einem kleinen Paradiese
an wundervoller Anmut gleich.
„Ach", rief sie, „willst du nicht verweilen?
Siehst du nicht meine Schönheit an?"
„Nein", sprach der Bach, „ich muss jetzt eilen,
dass ich den Lauf vollenden kann."

Er war auch nicht gar weit gekommen,
so ward er von dem Erdenschlund
unwiederbringlich eingenommen
und sank in schlammerfüllten Grund.
Er war unachtsam fortgeflossen
und hatte von der Wiesen Pracht,
weil er nur auf den Lauf bedacht,
gar nichts gesehn, gar nichts genossen.
Ob gleich die Blumen hier und da,
zu beiden Seiten, aufgeschossen,
nahm er doch nicht die Schönheit wahr.

Daniel Wilhelm Triller

Es geht also darum, zu verhindern, dass Menschen mit körperlichen oder seelischen Gebrechen in einen „schlammerfüllten Erdenschlund" absinken. Dass sie, besessen von ihrem Krankheitsverlauf (wie der Bach von seinem Lauf!), abstumpfen gegen alle Pracht, die sich ihnen hin und wieder darbietet, und sei es in der Alltäglichkeit zarter Sonnenstrahlen, frischer Luft oder blühender Wiesen.

Hinweggetanzte Essprobleme

Das Aufzeigen objektiver Werte fördert eine relative Unabhängigkeit vom jeweiligen subjektiven Befinden. Der Mensch beginnt, sich wieder um anderes zu kümmern als um seine eigene Stimmungslage, was seiner Seele neue Weiten erschließt. Sie atmet auf ... Wie bedeutsam dieser Heilungsansatz ist, beweist etwa die Suchtkrankenhilfe. Sucht ist im Grunde keine Abhängigkeit vom Suchtmittel, sondern eine vom eigenen Befinden. Das Suchtmittel „reguliert" nur jenes Befinden, indem es per Anwesenheit die Stimmung steigen und per Abwesenheit die Stimmung sinken lässt. Dies genügt, um den stimmungsabhängigen Menschen daran festzunageln.

Ich erinnere mich an eine Jugendliche, die ich wegen Magersucht in Behandlung hatte. Über ihr Essproblem haben wir selten gesprochen. Rund 20 Therapiestunden verwendeten wir dafür, das Positive ihres persönlichen Erfahrungsbereiches zu erkunden. Sie liebte es, sich anmutig zu bewegen und besaß eine natürliche Grazie, die nie geschult worden war. Tanz war für sie: Diskothekenvergnügen. Ich griff das Thema auf und führte sie in langen Diskussionen zu dem, was Tanz alles sein kann: ein rhythmisches Meisterwerk, ein Mittel, um sich auszudrücken, ein Werkzeug, um Zuschauer zu erfreuen, ein Streben nach Vollendung.

Sie begeisterte sich an unseren Ideen und schrieb sich in einen Kurs zur Körperschulung ein. Das Training kostete sie viel Kraft wegen ihres Untergewichts, machte sie aber auch müde und hungrig und ließ ihren Widerstand gegen das Essen erlahmen. Gleichzeitig verschaffte es ihr Kontakte mit jungen Leuten, die einen wesentlich besseren Einfluss auf sie ausübten als die früheren Diskothekenbesucher. Eines Tages schwärmte ihr jemand von der Kunst des Schiturnens vor, und der Funke sprang auf sie über. Daraufhin sprachen wir über die grandiose Alpenlandschaft und ihre Herausforderungen an Menschen, Tiere und Pflanzen; über Witterungsverhältnisse und notwendige Vorsorge. Wir malten ein Bild des Winters und bedachten, dass Millionen Erdenbewohner weder Schneebälle noch Eiszapfen kennen, dass jedoch auch ein kleiner Teil in endlosem Winter hausen muss. Das junge Mädchen spürte allmählich, was sie zum Verweilen im Leben einlud (um die Worte der Wiese im Triller-Gedicht abzuwandeln). Zu-Hause-Sein in einer klimatisch und landschaftlich traumhaften Gegend, Sporttreiben-Dürfen nach Lust und Laune, Anerkannt-Sein in einer vernünftigen Gleichaltrigen-Clique – wenn das keine Einladung zum „Rendezvous mit dem Leben" war?

Zwei Jahre später, als wir uns trennten, war sie eine glänzende Schifahrerin und wagemutige Eiskunstläuferin, und obwohl sie noch immer ein zierliches Figürchen besaß, konnte von Magersucht keine Rede mehr sein.

An diesem Mädchen haben zuvor eine Reihe von Ärzten herumgedoktert, die durchwegs Konflikte in ihrer Familie suchten und fanden und darin die Ursache ihrer Erkrankung diagnostizierten. Sie mögen nicht Unrecht gehabt haben. Allein, mit dem Aufdecken der Konflikte ist nicht ein Zehntel von dem erreicht worden, was im Endeffekt mit dem Aufzeigen eines einzigen Wertes zu erreichen gewesen ist! Ständig wird in Fachgremien hinsichtlich der grassierenden „Seuchen" Anorexie und Bulimie darüber debattiert, welche tiefsitzenden schlechten Erfahrungen es den Frauen nicht erlauben, sich etwas Gutes zu gönnen. Abnorme Selbstbestrafungstendenzen, übersteigerte Schuldgefühle, Verlassenheitsgefühle, Gegenreaktionen auf eingeimpfte Überangepasstheit, Selbsthassgefühle usw. werden als Erklärungsmodell erwogen. Niemand aber geht der Frage nach, ob es denn wirklich selbstverständlich ist, dass derartigen Affekten automatenhaft gehorcht wird? Niemand wundert sich, wie der Mensch, das vernunftbegabte Wesen, zu einem so willenlosen Untertan seiner Gefühle werden kann!

Solange die Fragestellung lautet: „Welches *emotionale Potenzial* erzeugt diese oder jene Fehlhandlung?", sind wir zur wichtigsten Fragestellung in der Psychotherapie noch gar nicht vorgedrungen, die da lautet: „Wie kommt es, dass das *geistige Potenzial* eines Menschen eventuellen emotionalen Fehlsignalen überhaupt Folge leistet oder sogar unterliegt?" Es wird höchste Zeit, den geistigen Kräften im Menschen mehr Beachtung zu schenken, wofür die Logotherapie seit jeher plädiert. Die dem Menschen eingeborene Vernunft und seine geistigen Kräfte erholen sich auf der Stelle, sobald ein Sinnaspekt aus dem verworrenen Gefühlsdunst hervortritt, der vehement für das Gesundwerden spricht. „Wer um ein Warum weiß, erträgt fast jedes Wie", hat schon Friedrich Nietzsche gesagt – ein kluger Mann.

> Zwei Schulfreundinnen treffen sich nach längerer Zeit wieder. „Toll, wie schlank du geworden bist", staunt die eine. „Was hast du denn für ein Geheimrezept?" „Das Geheimrezept ist meine Ehe", erwidert die andere. „Der ununterbrochene Ärger mit meinem Mann zehrt mich auf!" „Und warum lässt du dich nicht einfach scheiden?" „Ach", meint die andere, „ich warte, bis ich mein Idealgewicht erreicht habe."

Ja, die Gründe zum Gesundwerden oder Krankbleiben können sehr verschieden sein. Manchmal frage ich meine Patienten, nachdem sie ihre vielfältigen Symptome geschildert haben, was sie mit ihrem Leben anfangen würden, wenn sie symptomfrei wären. Diejenigen, die keine spontane Antwort parat haben, leiden an einem Übel der Sonderklasse, nämlich am fehlenden Grund zum Gesundwerden. Mit Methoden zur Ursachenerhellung oder Symptomreduktion ist ihnen da nicht gedient. Einzig das Aufzeigen von „Werten an sich" kann ihnen helfen, eines profunden Grundes zum Gesundwerden ansichtig zu werden, und der Rest fügt sich dann oft wie von selbst.

„Ich male genau das, was ich sehe, klar"

(Diese Karikatur symbolisiert die Werteblindheit, in der viele seelisch kranke Menschen befangen sind, sowie die logotherapeutische Aufgabe, ihr „Sehvermögen" wiederherzustellen – damit auf der Leinwand ihres Lebens Platz freigeräumt wird für Erde und Himmel ...)

Die Anhebung des Lebenswertgefühls

Das Wort „Lebenswertgefühl" – eine Erweiterung des populären Begriffs „Selbstwertgefühl" – beweist, dass die Logotherapie die Gefühlsebene des Menschen keineswegs vernachlässigt. Auch unterschätzt sie nicht die stabilisierende Wirkung eines ausreichenden Selbstwertgefühls. Das Selbst eines Menschen verkörpert ja ebenfalls einen „Wert an sich", der wahrgenommen und geachtet werden soll. Dennoch genügt ein starkes Selbstbewusstsein nicht zum guten Leben. Das Selbstwertgefühl rekrutiert sich lediglich aus der Menge und Intensität der Werke, hinsichtlich derer jemand erfolgreich war oder zu sein vermeint; es macht jedoch keine Aussage über die *Sinnhaftigkeit* dieser Werke. Eine solche Aussage kondensiert sich erst im Lebenswertgefühl, also in dem allem fremden Feedback vorausgehenden Gefühl, das Leben sei es wert, gelebt zu werden, es sei schlichtweg „sinnvoll".

Vielleicht kann ein kleiner Vergleich zwischen identischen Handlungen aus unterschiedlichen Motiven dazu beitragen, die Abgrenzung des Lebenswertgefühls zum Selbstwertgefühl offen zu legen.

Nehmen wir an, ein Junge begegnet einer alten Frau, die einen großen Korb mit Birnen trägt. Der Junge sieht die saftig-frischen Birnen und verspürt große Lust, eine davon zu verspeisen. Er überlegt sich, dass ihm die Frau gewiss ein paar Birnen schenken werde, wenn er sich bereit erklärt, ihr den Korb nach Hause zu tragen. Dementsprechend geschieht es: er nimmt ihr die schwere Last ab, und sie zeigt sich dafür erkenntlich. So weit ist alles in Ordnung. Obwohl das Motiv des Jungen nicht ganz selbstlos war, hat er doch immerhin eine anständige Tat vollbracht, und das ist besser, als wenn er der alten Frau nicht geholfen hätte. Sein Gewinn wird außer den paar Birnen auch eine Steigerung seines Selbstwertgefühls sein; er war klug, und seine Rechnung ist aufgegangen.

Stellen wir uns nun einen anderen Jungen vor, der genauso der Alten mit dem Birnenkorb begegnet, aber nicht vorrangig die Birnen, sondern die Frau sieht. Der bemerkt, wie sie sich gebeugt dahinschleppt und sich abplagt. Dem Jungen geht der Sinn des Augenblicks auf, der darin besteht, seine brachliegenden jugendlichen Kräfte dort zur Verfügung zu stellen, wo sie gebraucht werden. Auch er bietet also an, ihr den Korb nach Hause zu tragen, tut es, und bekommt dafür ein paar Birnen geschenkt. Was wird der Gewinn dieses zweiten Jungen sein? Er hatte Berührung mit einem „Wert an sich", mit dem Menschlichen, dem Sinnvollen, das in seiner Hilfsbereitschaft lag, unabhängig davon, was es ihm als Nebeneffekt einbringen würde, und deswegen wird nicht nur sein Selbstwertgefühl, sondern vor allem sein Lebenswertgefühl steigen im Wissen um die Sinnhaftigkeit seiner Existenz. Während sich der eine Hände reibend sagen kann: „Das habe ich gut gemacht!", darf der andere Erfüllung empfangen im Gedanken: „Es ist gut, dass ich da war!"

Dem Beispiel können wir entnehmen, dass ein positives Selbstwertgefühl das Nebenprodukt eines erfolgreichen Handelns ist, und ein positives Lebenswertgefühl das Nebenprodukt einer Sinnerfahrung. Natürlich streichelt auch das erfolgreiche Handeln die Seele, bloß fragt sich, was geschieht, sobald jemand keinen Erfolg mehr hat? Dann sinkt sein Selbstwertgefühl unaufhaltsam wieder ab.

Greifen wir noch einmal auf das Beispiel mit den Korb tragenden Jungen zurück. Was sind jeweils die Konsequenzen, falls sich die alte Frau nach erfolgter Hilfeleistung nicht dankbar erweist und kein Obst verschenkt? Der erstbeschriebene Junge wird sich enorm ärgern, weil er sich (nach seinem Verständnis) „umsonst" bemüht hat. Das wird seinem Selbstbewusstsein einen Dämpfer verpassen. Der zweite Junge hat hingegen die Chance, auch in dieser unbefriedigenden Situation einen Sinn zu sehen. Denn die Tatsache, dass er einer sich abplagenden Frau freundlich geholfen hat, nimmt ihm niemand mehr weg, gleichgültig, ob ihm dafür gedankt worden ist oder nicht. „Jede Tat ist ihr eigenes Denkmal", um Frankl zu zitieren. Der Junge kann die Güte seiner Tat sogar noch aufwerten, indem er ihr das Verzeihen der Undankbarkeit folgen lässt. Was er getan hat, wird niemals „umsonst" sein, und deswegen bleibt sein Lebenswertgefühl unangetastet von der Reaktion der Frau.

> Als der Rabbi der Berditschewer gefragt wurde, welches der rechte Weg sei, der des Leidens oder der der Freude, antwortete er: „Es gibt zwei Arten von Leid und zwei Arten der Freude. Wenn jemand über einem Unglück brütet, das über ihn gekommen ist, wenn er in der Ecke kauert und hilflos verzweifelt – das ist die schlechte Art von Leid, über die gesagt wird: Die göttliche Gegenwart weilt nicht an Orten der Trübsal. Die andere Art ist der aufrichtige Kummer eines Menschen, der weiß, was er betrauert. Das Gleiche gilt für die Freude. Der, dem innere Substanz fehlt, der es inmitten seiner eitlen Vergnügungen nicht spürt und auch nicht versucht, seinen Mangel zu beheben, ist ein Narr. Aber der, der echte Freude empfindet, ist wie ein Mann, dessen Haus niedergebrannt ist, und der seine Not tief in der Seele fühlt und anfängt, ein neues Haus zu bauen. Sein Herz freut sich bei jedem Stein, den er auf den anderen legt."

Ein hohes Lebenswertgefühl stimuliert zu aufrichtiger Trauer und echter Freude, und es trägt durch beides hindurch. Wie in den genannten Beispielen gibt es dem menschlichen Bewusstsein ein: „Du wirst gebraucht (für die alte Frau mit dem Korb, für den Wiederaufbau des niedergebrannten Hauses … Schritt für Schritt, Stein für Stein wirst du gebraucht!), es ist wirklich gut, dass du da bist!" Erfolg oder Misserfolg, Leid oder Freude sind dabei irrelevant.

Keine Kapitulation vor der Verwahrlosung

Ein Störungsbild, das die geistige und personale Entwicklung von Kindesbeinen an radikal unterbindet, ist die *Verwahrlosung*. Sie mündet häufig in Psychopathie, Straffälligkeit, Prostitution und einen allgemein entwürdigenden Lebensstil ein. Das Erstaunliche bei diesem Störungsbild ist u. a. die zu beobachtende Diskrepanz zwischen dem Selbstwertgefühl und dem Lebenswertgefühl der Betreffenden. Während Ersteres nicht schlecht ausgeprägt und manchmal sogar unangemessen hoch ist, bewegt sich Letzteres um den Nullpunkt. Diese Diskrepanz bildet sich in einem aggressiv gefärbten Egoismus ab nach dem Motto: „Was ich brauche, nehme ich mir!", gepaart mit einem fatalistischen Nihilismus nach dem Motto: „Mich braucht ohnehin keiner!" Der unglückseligen Kombination entspringt ein destruktiv-sorgloser Umgang mit Werten, seien es Dinge, seien es Menschen, sei es die eigene Person. Hohe Risiken werden eingegangen, die in keinem Verhältnis zum kurzfristig angezielten Gewinn stehen. Wegen lächerlicher Auseinandersetzungen werden Mord und Totschlag riskiert, wegen eines flüchtigen Reichtums Unterschlagungen und Einbrüche, für eine geschmacklose Liebesbeziehung der Verkauf von Leib und Seele. Für den Verwahrlosten ist das Leben keine Kostbarkeit, die man hüten, schützen, überdenken und verantwortlich mitformen soll, sondern ein bunter Spielball, den man auswirft, um einen Treffer zu erzielen oder alles zu verlieren. Seine Risikofreudigkeit drückt ebenso viel Selbstbewusstsein aus, wie seine Gleichgültigkeit Wertbewusstsein vermissen lässt.

Bei der skizzierten Problematik haben schon viele Therapieversuche kapituliert. Das selbstsichere Ego verwahrloster Personen ist nicht bereit, Ratschläge und verbale Anregungen auf sich wirken zu lassen. Die besten Argumente für Verhaltenskorrekturen wandern bei einem ihrer Ohren hinein und beim anderen wieder hinaus. Es bleibt nur eine Möglichkeit übrig: sie müssen mehr oder weniger freiwillig zu sinnvollen Aufgaben herangezogen werden in der Hoffnung, dass der Lichtstrahl sinnvollen Tuns auf sie zurückfällt und die Erkenntnis zündet, dass auch sie in dieser Welt für etwas Wichtiges und Richtiges gebraucht werden.

> Freiheit hat zwei Seiten: der ist nicht frei, der immer nur eine Sache tun darf. Der ist auch nicht frei, der alles tun darf, was er will, aber keinen Gesichtspunkt hat, sich zu einer Sache zu bestimmen. Tun können, was ich will, ist konstitutiv für Freiheit. Aber noch wichtiger ist: wollen können. Und zwar wollen können in dem genauen Sinne des Wissens, warum ich tue, was ich tue. Wenn die Gesichtspunkte und Maßstäbe ihrerseits wieder Gegenstand einer Wahl sind, wenn das handelnde Subjekt von keinem verbindlichen Maßstab getragen ist, dann wird die Wahl blind. Aber eine blinde Wahl ist eine unfreie Wahl. – Denn Freiheit heißt: mit sich identisch sein können. Aber diese Identität kann nicht eine abstrakte, von allen Inhalten abgelöste Subjektivität sein, sie setzt vielmehr Identifikationsmöglichkeiten voraus. Und diese können nicht die Form der Hypothese, die Form des „Vielleicht" haben. Es gibt keine Freiheit ohne jene einsehbare und nachvollziehbare Notwendigkeit, die wir „Sinn" nennen.
>
> *Robert Spaemann*

Konkret heißt dies, dass z. B. Jugendliche, die öffentliche Gebäude beschmieren und zerkratzen, zu diversen Verschönerungsarbeiten eingesetzt werden sollten. Oder dass Autofahrer, die betrunken am Steuer erwischt werden, einige Wochen Spitalsdienst auf Unfallstationen ableisten sollten. Es bedeutet ferner, dass sich der pädagogische Akzent in Heimen und Erziehungsanstalten nicht auf die Bewältigung des Alltags beschränken dürfte, sondern unermüdlich konstruktive Herausforderungen an die Heiminsassen stellen sollte, denen sie äußerlich gewachsen sind, und an denen sie innerlich wachsen können.

Freilich hat alles, was mit „Nachdruck" zu tun hat – selbst wenn es „heilsamer Zwang" ist –, einen bitteren Beigeschmack. Doch kann ich aus meiner langjährigen Erfahrung als psychologische Supervisorin in Jugendheimen bestätigen, dass beides mithilft, die Verwahrlosung siegreich zu bekämpfen: sowohl das „Muss", als auch die „sinnvolle Aufgabe" als solche. Das „Muss" dämpft das übersteigerte Selbstwertgefühl und damit den aggressiven Egoismus, der dazu verleitet, bloß noch zu tun, worauf man Lust hat; und die „Aufgabe" hebt das niedrige Lebenswertgefühl an und überwindet damit den fatalistischen Nihilismus, der verhindert, zu tun, was Sinn hat.

Befragt man Erwachsene, die aus desolatem Milieu stammen und in ihrer Jugend wegen Erziehungsproblemen in Heimen gewesen sind, nach ihren liebsten Erinnerungen an diese Zeit, hört man generell Berichte über gemeinsame Aktionen, die damals gestartet worden sind; etwa über ein mühsam eintrainiertes Weihnachtssingen in einem Seniorenstift, oder über die sorgfältig vorbereitete Besteigung eines Berges in den Ferien. Interessant ist, dass fast ausnahmslos geschildert wird, wie sehr der Vorbereitungs- und Kräfteaufwand, der ihnen dabei abverlangt war, zunächst negativ erlebt und nur durch die Gemeinschaft „erzwungen" worden ist, dass ihnen aber während der Ausführung oder bald darauf das Herz aufgegangen ist in der Begeisterung an der Sache. Daraus kann man schließen, dass die Heranziehung zu sinnvollen Aufgaben, notfalls gegen den Widerstand eines fehlentwickelten Kindes oder Erwachsenen, ein Weg ist, der letztlich humaner sein mag als die Toleranz eines „Laissez-faire-Verhaltens" gegenüber verwahrlosten Kindern, die ergänzt wird durch die Intoleranz der gesellschaftlichen Verachtung gegenüber gestrauchelten und inhaftierten Erwachsenen.

Ein Polizist trifft zwei Landstreicher auf der Straße und fragt den einen streng: „Wo wohnst du?" – „Ich? Nirgends!" – „Und du?", will der Polizist vom anderen wissen. „Wir sind Nachbarn."

Die Anhebung des Lebenswertgefühls ist über das Besprochene hinaus ein vertrauensbildender Weg. Denn wahres Vertrauen kann nie im Selbst allein gründen. Gewiss flößt ein großes Ausmaß an Selbstsicherheit Vertrauen zur eigenen Leistungskraft ein. Doch würde mit dem Nachlassen der eigenen Leistungskraft die Selbstsicherheit wieder verebben, wenn nicht ein zusätzlicher Vertrauensfaktor ins Spiel kommt: der Glaube, dass das Leben von seiner Urwurzel her bedingungslos sinnvoll ist. Dieser Glaube ist die organische Fortsetzung des Sichgebraucht-Wissens bis in die Todesstunde hinein, etwa im religiösen Jargon: „Gott braucht mich (noch), deswegen bin ich (noch) da."

Wer dank eines positiven Lebenswertgefühls zu einem solchen Glauben vorstößt, der muss auf die Frage, die irgendwann in jedem aufbricht, wo er denn im Eigentlichen zu Hause ist, nicht mit „Nirgends" antworten.

Vom Umgang mit Wertkonflikten

Bei der intensiven Beschäftigung mit Werten, ihrer Sichtung und Verwirklichung, darf die Tatsache nicht ausgeklammert werden, dass Werte auch miteinander in Konflikt geraten, und dass sie verloren gehen können. Beides verlangt Versöhnung. Versöhnung mit der Realität, in der manches nicht gleichzeitig lebbar ist, und in der alles seine begrenzte Zeit hat. Wer damit nicht ausgesöhnt ist, hat eine schlechte Prognose. Schon winzige Assoziationen, die an einen inneren Groll antippen, können seelische Schwachstellen reizen und aufbrechen lassen. Versöhnlichkeit hingegen legt sich wie ein Kitt darüber und schützt sie.

Betrachten wir zunächst das Problem der *Wertkonflikte,* das klassischerweise auftaucht zwischen Beruf und Familie, künstlerischer Neigung und Arbeitsverpflichtung oder zwischen einem gegebenen Versprechen und einer geänderten Situation. Wer sagt, was jeweils Vorrang hat? Wer darf bestimmen, zu welchem Verzicht ein Mensch sich aufzuschwingen hat? Wenn es der Ratsuchende nicht weiß, wie soll es der Ratgebende, ein Außenstehender, wissen?

In der Logotherapie sind wir nicht davon überzeugt, dass es der Ratsuchende nicht weiß. Sein innerer Kompass, sein persönliches Gewissen zeigt eindeutig in eine bestimmte Richtung. Das Problem wird allerdings dadurch erschwert, dass eine zweite richtungsweisende Tendenz mitmischt, die Sigmund Freud das „Über-ich" des Menschen genannt hat. Darunter verstand er die im Gedächtnis und im Empfinden gespeicherte Summe tradierter sittlicher Normen, wie sie dem Menschen in der Erziehung mitgegeben werden. Nicht, dass es falsch wäre, Kinder mit Sitte, Moral und Kulturgut vertraut zu machen. Doch können die überlieferten Spielregeln angesichts konkreter und individueller Herausforderungen versagen, und sie können unpassend werden für die Neuerungen des Fortschritts. Manches ist ewig gültig wie die zehn Gebote, anderes wandelt sich. Was „man" Anfang des 20. Jahrhunderts in den gehobenen Gesellschaftsklassen zu tun und zu unterlassen hatte, deckt sich z. B. nicht mehr mit den global-kommunikativen Formen Anfang des 21. Jahrhunderts. Menschen, die in Konfliktlagen sofort nach demjenigen Ausschau halten, was „man" in ihrer Lage zu entscheiden hat, wobei sich hinter ihrem „man" Bilder von Autoritätspersonen (Eltern, Lehrern, Vorgesetzten …) verbergen, sind dementsprechend überichprogrammiert. Sie spähen nach den Meinungen der anderen aus, anstatt ihr eigenes Gewissen zu befragen, welches laut Christine von Schweden „der einzige Spiegel ist, der weder betrügt noch schmeichelt", sondern „wahr-sagt".

Ein Arzt schickt seinen Patienten an die See. „Die herrliche Luft, die Sonne und das Wasser werden Ihnen gut tun. Aber vergessen Sie nicht, streng nach meiner Vorschrift zu leben: viel Butter und Milch, kein Alkohol, viel Schlaf und jeden Tag nur zwei Zigaretten!" – "Aber Herr Doktor ...!" – "Keine Widerrede!" Der Patient geht und kommt nach drei Wochen zurück. Der Arzt freut sich: "Mann, Sie haben sich ja prächtig erholt!" – "Ach ja, Herr Doktor, nur die Zigaretten haben mir am Anfang Schwierigkeiten gemacht, wo ich doch stets Nichtraucher war."

So kann es Menschen ergehen, die nicht auf ihren eigenen Kompass schauen! So kann es aber auch Heilsberuflern ergehen, die Rezepte und Verhaltensregeln austeilen, ohne zuvor auf die feinen Äußerungen und Regungen ihrer Patienten zu hören! Die ideale Alternative sind Beratungsgespräche, bei denen die Patienten – speziell in Konfliktsituationen – auf sanfte Weise zu persönlichen und unforcierten Gewissensentscheidungen geleitet werden. Eine ausgezeichnete Möglichkeit zu einem solchen Geleit bietet die logotherapeutische Technik des *gemeinsamen Nenners,* wie sie Frankl in seinen Büchern beschrieben hat. Dazu das illustrative Beispiel einer "Telefonseelsorge" aus meiner Praxis:

Der Konflikt, um den sich unser Gespräch drehte, war die Frage einer verheirateten Frau, ob sie sich von ihrem Mann trennen oder auf ihren Liebhaber verzichten solle. Eine banale Fragestellung, wie sie tausendfach in Filmen und Romanen abgehandelt worden ist. Für diese Frau jedoch ging es um Essenzielles, und mit ihren eigenen Abwägungen war sie praktisch in einer Sackgasse gelandet. Sie schätzte die Geborgenheit bei ihrem Mann, seine Treue zu ihr und die finanzielle Sicherheit, die er ihr bot; "verstandesmäßig" fühlte sie sich zu ihm hingezogen. Andererseits genoss sie die Zärtlichkeit und erotische Aura ihres Freundes und war von seiner abenteuerlich-legeren Lebensauffassung fasziniert; ihm war sie "gefühlsmäßig" zugeneigt.

Der Ehemann drängte massiv auf ein Ende des Dreiecksverhältnisses, war aber zu einem Neuanfang mit seiner Frau bereit. Der Freund wiederum hatte noch eine lose Beziehung zu einer früheren Freundin von ihm und war durchaus gewillt, das Dreieck bzw. Viereck aufrecht zu erhalten. Er lehnte es ab, sich auf gemeinsame Zukunftspläne mit der Frau festzulegen, selbst wenn sie sich scheiden ließe.

Im Fazit stand Verstand gegen Gefühl, solide Beziehung gegen attraktive Unverbindlichkeit, und dazwischen pendelte ein hin- und hergerissener Mensch. Was jetzt? Ich schlug der Frau eine Bilanzziehung besonderer Art vor. Ich fragte sie: „Wenn ich Sie richtig verstehe, haben Sie hauptsächlich zwei Wahlmöglichkeiten. Oder gibt es noch eine dritte für Sie?" Sie verneinte. Sie könne ganz zum Ehemann zurückkehren oder sich von ihm trennen und beim Freund bleiben. Die dritte Variante, eine Kombination von beidem, entspräche dem gegenwärtigen Arrangement, das aber nicht mehr weitergeführt werden könne. Und ganz allein wolle sie auf keinen Fall leben. „Somit", antwortete ich, „stehen Sie vor einer gewichtigen Entscheidung. Bitte sagen Sie mir, für wie viele Menschen hängt etwas von Ihrer Entscheidung ab?" Die Frau stutzte, überlegte und zählte dann ihren Mann, sich selbst, ihren Freund und dessen Freundin auf. „Also", fasste ich zusammen, „das Schicksal von vier Menschen wird sich ändern, je nachdem, wie Sie sich entscheiden. Halten wir doch einmal fest, auf welche Weise es sich für diese vier Menschen ändern wird. Wen es voraussichtlich glücklich machen wird, der bekommt ein Pluszeichen. Wen es voraussichtlich unglücklich machen wird, der bekommt ein Minuszeichen." Die Frau holte Papier und Bleistift zum Telefon, um mitzuschreiben.

Als Erstes betrachteten wir die Entscheidung „pro Ehemann", danach die Entscheidung „pro Freund". Für jede Entscheidung wurden vier Spalten für die vier beteiligten Personen reserviert. In der Rubrik „pro Ehemann" erhielt der Ehemann ein Plus, weil er seiner Frau immer noch zugetan war. Der Freund erhielt sowohl ein Plus als auch ein Minus, weil er der Entwicklung der Dinge eher gleichgültig gegenüber zu stehen schien. Seine Freundin erhielt ein Plus, da sie nach Aussage der Frau froh wäre, wenn die Frau zu ihrem Mann zurückkehren würde. Die Ratsuchende selbst gab sich ein Plus und ein Minus, was ihr Hin- und Hergerissen-Sein ausdrückte. Bilanz: 4 Plus und 2 Minus.

Dieselbe Rechnung wurde in der Rubrik „pro Freund" aufgestellt. Beim Ehemann verzeichnete die Frau ein Minus, da er traurig sein würde, sie zu verlieren. Der Freund bekam wegen seiner Indifferenz erneut ein Plus und ein Minus. Bei seiner Freundin wurde ein Minus notiert, weil sie in diesem Fall Angst vor dem endgültigen Verlust ihres alten Freundes haben würde. Und die Ratsuchende blieb bei ihrem ambivalenten Plus und Minus. Bilanz: 2 Plus und 4 Minus.

Schema nach der logotherapeutischen Methode des „Gemeinsamen Nenners"

Was bedeutet die Entscheidung der Frau	„pro Ehemann"	„pro Freund"	Begründung
für ihren Mann?	+	–	Ihr Mann liebt sie immer noch.
für ihren Freund?	+ / –	+ / –	Ihr Freund ist gerne mit ihr zusammen, will sich aber nicht an sie binden.
für dessen Freundin?	+	–	Diese fürchtet um ihre Beziehung zum Freund.
für sie selbst?	+ / –	+ / –	Sie steht beiden Männern ambivalent gegenüber.
Summe	4 + / 2 –	2 + / 4 –	

Nun bedurfte es bloß noch eines einzigen Hinweises. Ich sagte zu der Frau: „Sie haben mich angerufen und um Entscheidungshilfe gebeten. Wir haben gemeinsam die voraussichtlichen Folgen Ihrer beiden Wahlmöglichkeiten bedacht. Die letzte Frage aber, die noch offen ist, kann niemand außer Ihnen beantworten, nämlich die Frage: Wie viel Glück oder Unglück möchten Sie mit Ihren Handlungen in die Welt bringen?" Eine geraume Zeit war es still. Dann erwiderte die Frau leise: „Ich verstehe. Sie haben an etwas gerührt, das ich fast vergessen hatte: an meiner Verantwortung. Ich bin nicht sicher, ob ich dafür reif bin, aber ich werde mich auf dieser Spur weiterbewegen. Unser Gespräch war sehr aufschlussreich für mich. Ich danke Ihnen."

Gewiss ist eine solche „Hochrechnung" nicht überall möglich, aber im Prinzip muss sich bei jedem Wertkonflikt einer der zu wählenden Werte als der höchste herausstellen, bezogen selbstverständlich auf eine einmalige Person in einer unwiederholbaren Lebenssituation, und – nicht zu vergessen! – bezogen auf sämtliche „Güter", die involviert sind. Wir leben nicht wie Robinson Crusoe auf einer einsamen Insel. Unsere Entscheidungen sind mit vielen Schicksalen verflochten. Da gilt es, aufmerksam zu sein für das stets präsente „Eine, das Not tut" – hier und jetzt.

„Na, Maximilian, wie fühlst du dich mit deiner neuen Brille?" – „Phantastisch! Ich habe Leute getroffen, die ich seit Jahren nicht mehr gesehen habe!"

Könnte es sein, dass wir mit einer neuen, schärferen oder einfach blank geputzten „Gewissensbrille" auch hin und wieder Menschen treffen, an sie denken, auf sie Rücksicht nehmen ..., kurz, ihr Los bei unseren Überlegungen miteinkalkulieren, die wir seit Jahren nicht mehr – gesehen haben?

Das Verwinden von Wertverlusten

Wir haben an früherer Stelle bereits jene Schicksalsschläge kurz erwähnt, die keine Entscheidung mehr gestatten, weil sie dem Menschen alles Handeln aus der Hand nehmen. Sie sind ausnahmslos mit Wertverlusten verbunden. Unheilbare Krankheiten, Amputationen, Trennungen, Todesfälle zählen dazu, Armut, Elend, Hunger und Pein ohne Aussicht auf Besserung. Hier, wo die „Priorität" des Ändern- und Verbessernkönnens zu Ende ist, beginnt (um ein Begriffspaar von Frankl aufzugreifen) die „Superiorität" eines heldenhaften Ertragens in Würde. Wo die äußeren Umstände einen Menschen niederwerfen und in die Knie zwingen, dort vermag er sich innerlich aufzurichten zu seiner vollen Größe. In der Logotherapie sprechen wir in diesem Zusammenhang von der Chance, *Einstellungswerte* zu verwirklichen. Das heißt, in der Art, wie sich jemand geistig zu den unverrückbaren Gegebenheiten seines Lebens einstellt, liegt eine letzte, hehre Möglichkeit zur Wertverwirklichung, eine, die vielleicht in einer höheren Dimension den erlittenen Wertverlust wieder ausgleicht.

Allerdings muss sichergestellt sein, dass keine Eliminationsmöglichkeit für ein Leid existiert, bevor jemandem empfohlen werden kann, sich an ein solch tapferes Akzeptieren seines Kummers heranzutasten. Überflüssigen Schmerz auszuhalten würde an unsinnigen Masochismus grenzen. Solange eine körperliche oder seelische Not änderbar ist, müssen wir den Mut zur „Aktion" stärken, um die Not tunlichst zu lindern. Erst wenn wir auf Unveränderbares stoßen, ist der Mut zur „Passion" aufzurufen und in ehrlicher Anerkennung zu stützen.

Der Umgang mit Wertverlusten läuft deswegen auch auf eine Bilanzziehung hinaus, aber nicht auf eine, die den obersten Wert von mehreren offenbart, sondern auf eine, die den verborgenen Sinn eines Leides erahnen hilft. Und in der Tat kann selbst den dunkelsten Nachtstunden des Lebens fast immer noch eine Sinnperspektive abgerungen werden, wenn der Betroffene nicht in der Phase des Revoltierens oder Resignierens stecken bleibt, sondern durch seine Verzweiflung hindurch wächst, etwa in der Richtung, sie für etwas oder jemanden in Liebe aufzuopfern.

Einer meiner Patientinnen, einer Frau aus armseligen Verhältnissen, erzählte ich einmal von der Muschel, die am Meeresgrund wohnt und sich wohl fühlt bis zu dem Tag, an dem ein scharfes Sandkorn in ihre Weichteile gerät und sie wund reibt. Das Tier bemüht sich vergeblich, den Fremdkörper abzustoßen; der Schmerz sitzt fest. Was macht die Muschel in ihrer unabänderlichen Lage? Sie ‚weint', aber sie mobilisiert auch Kräfte; sie hüllt das Sandkorn in den Saft ihrer ‚Tränen' ein und verwandelt es in eine Perle! „Das", sagte ich zu meiner Patientin, „können Sie genauso! Verwandeln Sie Ihr Leid in eine menschliche Leistung, indem Sie mit Ihrer positiven Haltung anderen leidgeprüften Menschen zum ermutigenden Vorbild werden."

Die Patientin, die an einer schweren spastischen Schüttellähmung litt, kaufte sich nach unserem Gespräch eine Perlenkette, die sie täglich anlegte. Wann immer der Gram über ihre Körperbehinderung sie zu überwältigen drohte, griff sie mit ihren zittrigen Händen nach der Kette und erinnerte sich, dass auch sie ihr Leid in eine „Perle" umgestalten wollte, ja, dass sie innerlich über ihr Schicksal triumphieren konnte, indem sie sich ihres heiteren Gemüts nicht berauben ließ. Und jedes Mal lag ein stilles Lächeln auf ihren Zügen, wenn sie die Hände wieder senkte. Menschen wie sie legen Zeugnis dafür ab, dass die Versöhnung mit dem Schicksal gelingen kann – wenn die Person ganz dahinter steht.

Einst gingen zwei Jünglinge spazieren und fanden im Fahrweg einige Schnecken, die sie, besorgt, dass sie von einem Fuhrwagen zerdrückt werden möchten, in den nahen Busch warfen. „Ihr Bösewichter", riefen die Schnecken, „warum stört ihr uns aus unsrer friedlichen Ruhe und werft uns so brutal hierher?"

Menschenbrüder, mit wem hadert ihr, wenn euch ein Ungemach geschieht?

Novalis

Versöhnung schließt nicht nur reichlich Mut, sondern auch die Demut mit ein, sich vor dem Unbegreiflichen zu beugen. Die Frage: „Warum leide ausgerechnet ich an einem unbehebbaren Spasmus?" wäre unfruchtbar. Sie hilft nicht weiter. Nichts ist gerecht verteilt auf Erden, und niemand kennt den Schöpfungsgrund. Wer jedoch dem Schöpfer traut, wer ihm zutraut, dass seine Weisheit so menschenüberragend ist, wie das Verständnis der Jünglinge den Horizont der Schnecken am Fahrweg überragt, der hört auf zu hadern und nimmt die Herausforderung fraglos an. Seine Tränen gerinnen zu Perlen.

Die Gefahr des Sich-Hineinsteigerns

Ein verbreitetes Hindernis der Versöhnung ist die Tendenz, zu viel über Negatives zu reden. Leider sehen auch manche psychotherapeutische Richtungen das Heil ihrer Patienten vorwiegend im Aussprechen belastender Ereignisse und trauriger Schicksalsfaktoren. Es ist mehr als zweifelhaft, ob dies genügt. Unbestreitbar erleichtert es, wenn man sein Herz bei einem aufmerksamen und einfühlsamen Zuhörer ausschütten darf. Allein, vom logotherapeutischen Standpunkt aus kommt dem Sich-Aussprechen und Sich-Ausweinen lediglich „Vorbedingungscharakter" zu. Das bedeutet, dass das geistige Potenzial eines Menschen, das durch bedrückenden emotionalen Stress überlagert und blockiert sein kann, eben wieder frei wird, wenn besagter emotionaler Stress über Worte oder Tränen abfließt. Das *Freischaufeln* jenes geistigen Potenzials, erfolge es durch Aussprache, Weinen, Entspannungsübungen oder medikamentöse Sedierung, schafft die Bedingung, unter der die wahrhaft fruchtbare Arbeit am Verlust aufgenommen werden kann.

Wir halten es für gefährlich, wenn solches Aussprechenlassen von Patienten seinen „Vorbedingungscharakter" einbüßt und zur therapeutischen Hauptrolle hochstilisiert wird. Denn ein Patient, der nicht aufhört, nachdem er sich seinen Kummer von der Seele geredet hat, der weiter und weiter in seinem Problem schwelgt, der redet sich noch zusätzlichen Kummer „wieder in die Seele hinein"! Es kommt schnell zu Hineinsteigerungseffekten, die emotional aufheizen (statt dämpfen) und sogar jene vergangene Tragik wieder aufwühlen, die schon geistig verarbeitet war, wodurch neuerlicher Zündstoff für Gefühlserschütterungen geliefert wird, die am Ende das geistige Potenzial des Menschen stärker überdecken und lahm legen, als dies zuvor der Fall gewesen ist.

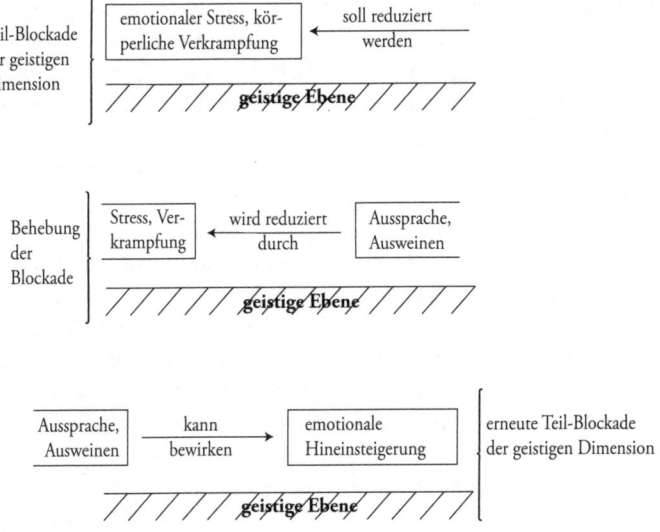

Bereits im Jahr 1931 hat Bumke in einer Münchener medizinischen Wochenschrift gewarnt: „Es wird mit psychotherapeutischen Absichten zu viel geredet, besonders seitens der Patienten." 50 Jahre später legte Béla Horányi von der Neurologischen Universitätsklinik in Budapest dar, dass Affekte und Emotionen den allgemein gültigen Regeln der Inaktivitätstheorie unterworfen sind wie die anderen Lebenserscheinungen auch. Er wies nach, dass das Ständig-darüber-Sprechen einen seelischen Kummer aktiv hält, ja, kontinuierlich aufs Neue gebiert, während das Nicht-darüber-Sprechen ihn unvermeidlich schrumpfen lässt wie alles am menschlichen Organismus, das längere Zeit hindurch nicht in Funktion gesetzt wird. Demzufolge nannte er Schweigen ein „Heilmittel".

In der Logotherapie wird diesbezüglich ein goldener Mittelweg eingeschlagen. Sie verbietet ihren Patienten nicht, über Schmerzliches zu klagen. Aber weil sie die Gefahr der affektiven Hineinsteigerung kennt, versucht sie, pures Sich-Ausweinen in Schranken zu halten und die Patienten behutsam zur Beachtung des Dennoch-Erfreulichen zu erziehen. Sie müssen nicht auf Optimismus getrimmt werden, doch um sie auch nur halbwegs zu Realisten zu machen, bedarf es oft positiver Gegengewichte gegen eine irrationale Verzerrung ins Negative. Man würde es nicht glauben, wie sehr sich Menschen hinsichtlich der Fülle von negativen und positiven Ereignissen in ihrem Leben täuschen können, wenn sie tief in ihrem Kummer befangen sind!

„Der Hauptgrund, warum viele Menschen unglücklich sind, ist darin zu suchen, dass sie eine erstaunliche, aber offensichtliche Befriedigung aus ihren Leiden gewinnen", sagte der Meister.

Dann erzählte er, wie er einmal auf einer Bahnfahrt im oberen Bett eines Liegewagens die Nacht verbrachte. Es war ihm unmöglich einzuschlafen, weil von unten her ein ständiges Stöhnen an sein Ohr drang: „Ach, bin ich durstig … ach, bin ich durstig …!"

Da das Stöhnen kein Ende nehmen wollte, kletterte der Meister schließlich die Leiter hinunter, ging durch den ganzen Zug zum Speisewagen, kaufte zwei Becher Bier, ging den langen Weg zu seinem Abteil zurück und reichte dem geplagten Mitreisenden die beiden Becher. „Hier ist etwas zu trinken!" „Wunderbar, Gott sei Dank!"

Der Meister stieg die Leiter hinauf und streckte sich mit einem Seufzer aus. Kaum hatte er die Augen geschlossen, hörte er es von unten stöhnen: „Ach Gott, war ich durstig ... oh weh, war ich durstig!"

Sufi-Geschichte

Ich habe einmal einem interessanten Experiment mit Kindern beigewohnt, das die Beobachtungen des „Meisters" gewissermaßen bestätigt. Es war Erdbeerzeit, und ein Förderer unserer Erziehungsberatungstätigkeit hatte uns einen Karton mit reifen, teilweise überreifen Früchten für die heilpädagogischen Kindergruppen geschenkt. Wie sich zeigte, war ungefähr ein Sechstel der Erdbeeren schadhaft.

Als die Kinder nachmittags zur Therapiestunde kamen, bildete unsere Heilpädagogin zwei Gruppen aus ihnen und teilte auch die Früchte auf zwei Körbe auf. Die eine Kindergruppe erhielt die Aufgabe, alle genießbaren Erdbeeren aus ihrem Korb in eine Schüssel auszusortieren. Die andere Kindergruppe musste die verdorbenen Erdbeeren aus ihrem Korb herausholen. Als beide Gruppen mit der Arbeit fertig waren, wurde das Obst außer Sichtweite gebracht. Danach wurden die beiden Kindergruppen getrennt voneinander gebeten, zu raten, wie hoch der Anteil der guten Erdbeeren in der Gesamtmenge gewesen sei.

Das Ergebnis war verblüffend. Diejenige Gruppe, die sich zuvor mit den genießbaren Früchten beschäftigt hatte, einigte sich ziemlich exakt auf die wahren Proportionen. Diejenige Gruppe hingegen, die die verdorbenen Früchte hatte aussuchen müssen, schätzte den Anteil der guten um ein Vielfaches zu niedrig ein (auf kaum die Hälfte!), war also unangebracht „pessimistisch".

Müssen wir daraus nicht den Schluss ziehen, dass die geistige Konzentration auf Sorgen und Probleme in ähnlicher Weise den Blick verstellt auf die wahren Reichtümer der Seele, auf die unantastbaren Werte der menschlichen Existenz und auf die Sinnstrukturen, die sogar das unverrückbare Leid noch durchziehen? Helfen wir den Traurigen und Gebeugten, auf die guten Früchte ihres Lebens zu schauen, und sie werden aus dem Positiven, das sie wahrnehmen, die Kraft schöpfen zur Versöhnung mit dem Negativen!

Keine Wissenschaft kann den Sinn von Krankheit, Not und Schmerz in der Welt erklären, auch die Psychologie nicht. Aber dass der Mensch befähigt ist, selbst aus Krankheit, Not und Schmerz einen Sinn herauszuholen, indem er sich geistig darüber hinweghebt und auf diese Weise vielleicht zu seiner ureigentlichen Bestimmung findet, dafür bürgt die Logotherapie. Das Kreuzzeichen, das im christlichen Abendland seit Jahrhunderten als Symbol des Leidens gilt, ist in einer anderen Symbolik zugleich ein Pluszeichen. Wer wollte bei dieser Parallelität nicht nachdenklich werden?

Sind wir Opfer unserer Umstände?

Seelisch gestörte Menschen sind meistens in ihren Sozialkontakten gehandikapt und umgekehrt: Sozial isolierte oder kommunikativ schwierige Personen haben üblicherweise einen seelischen Defekt. Dieses Wechselwirkungsgeschehen hat sich im Computerzeitalter verschärft. Hans Schäfer von der Universität Heidelberg zog in seinem Buch: „Im Blickpunkt: der Mensch" (Veritas, Wien) folgendes Resümee: „Der Mensch, der heute aus der Sicherheit der Familie, der Verlässlichkeit einer sozialen Ordnung, der Einbettung in ein religiöses System herausgefallen, ins Bodenlose gefallen ist, dieser Mensch stellt der Medizin eine neue Aufgabe, eben weil er in seiner so gewandelten Welt neue Leiden entwickelt. Medizin wird nicht mehr unter dem Aspekt einer ärztlichen Obrigkeit, nicht einmal mehr unter dem einer Hilfe für Leibesnot allein gesehen. Medizin wird mehr, der gesellschaftliche Auftrag an sie umfassender."

Zu den neuen Leiden, von denen Hans Schäfer spricht, zählt vor allem das „Leiden am sinnlosen Leben" (Frankl), von dem ich ausgeführt habe, dass es seelisch und körperlich krank macht, weil es dem Menschen den Boden seiner geistigen Existenz unter den Füßen wegzieht. Wer an einem vermeintlich sinnlosen Leben leidet, der leidet auch an einem sinnlosen Berufsleben, an einem sinnlosen Familienleben usw., der fällt wirklich ins Bodenlose, wobei dann das psychische Wohlbefinden genauso gestört ist, wie die soziale Kontaktfähigkeit oder die organische Gesundheit, was alles in Einheit und Ganzheit zusammenhängt. Nur wo Sinn gesehen wird, bleibt das Leben – unter allen Umständen – zumindest erträglich.

Dazu ein Beispiel, das einer gewissen Komik nicht entbehrt. Auf einem Psychologenkongress in Hennef/Sieg zur Problematik der seelischen Folgen bei anhaltender Arbeitslosigkeit wurde bereits im Jahr 1985 statistisch nachgewiesen, dass eine einzige Personengruppe diese Lebenskrise topfit übersteht. Es handelt sich um die Faulenzer und Drückeberger, die gerne arbeitslos sind und sich im Extremfall, auf die Arbeitslosenhilfe gestützt, ein zweites Leben unter südlicher Sonne aufbauen. Sie sehen offenbar einen profunden Sinn in ihrer Arbeitslosigkeit, der, so fraglich er auch sein mag, vor dem psychosozialen oder psychosomatischen Absturz rettet.

Wollte man sonach ein Patentrezept formulieren, um die häufigen Negativfolgen unverschuldeter Arbeitslosigkeit wie Selbstzweifel, Depressivität und Apathie zu bekämpfen, dann müsste man auf die sinnvollen Möglichkeiten aufmerksam machen, die trotz fehlendem Arbeitsplatz gegeben sind – *trotz* und nicht *wegen* der Arbeitslosigkeit, wie bei den Drückebergern! Dazu ein illustrativer Fall aus meiner Praxis:

Ein arbeitsloser Familienvater wurde von seiner Frau zur Beratung gebracht, weil es mit ihm zu Hause nicht mehr auszuhalten war. Ständig klagte er über Langeweile und Hoffnungslosigkeit, was seine Angehörigen deprimierte. Als mir der Mann gegenübersaß, fragte ich ihn, wie hoch er seine Chance einschätze, auf ein Bewerbungsschreiben hin Erfolg zu haben. Er lachte spöttisch und antwortete: „Ein Viertel Prozent Wahrscheinlichkeit, mehr nicht!" „Gut", sagte ich, dann müssen Sie wohl 400 Bewerbungsschreiben losschicken, damit eines Erfolg hat."

Der Mann sah mich stirnrunzelnd an, aber das Rechenexempel stimmte. „400 Bewerbungsschreiben ..." brummte er, „das ist ein Haufen Arbeit ..." „Oh", unterbrach ich ihn, „das ist nicht nur ein Haufen Arbeit. Das ist ein Zeugnis Ihrer Ausdauer, Ihrer Belastbarkeit und Ihrer Fähigkeit, dem Schicksal die Stirn zu bieten. Im Übrigen haben Sie sich soeben bitter über die tägliche Langeweile beklagt, und 400 Briefe wären ein blendendes Mittel dagegen!"

Monate später lag eine Postkarte von diesem Mann auf meinem Schreibtisch. „Ich habe mich geirrt", stand darauf zu lesen, „es reichten 93 Bewerbungsschreiben ..." Allein die Vorstellung, dass auch eine Menge umsonst geschriebener Briefe ihren Sinn habe, weil sie insgesamt die Chance auf einen Wiedereinstieg ins Berufsleben vergrößere, hatte ausgereicht, ihn aus der Passivität heraus in ein aktiveres Stadium zu locken, in dem er die Situation alsbald in den Griff bekam. Laut einer Erhebung des Instituts für Arbeitsmarkt- und Berufsforschung der Bundesanstalt für Arbeit (Mitt. AB 17/4, 1984) leiden mehr Arbeitslose unter Langeweile (31 %) als unter finanziellen Schwierigkeiten (29 %), was nun wirklich nicht sein müsste!

Freilich hatte der geschilderte Mann noch berufliche Chancen. Wie könnte demgegenüber die Suche nach sinnvollen Lebensmöglichkeiten aussehen, wenn beruflich alles dicht ist? Dazu fällt mir ein anderer Familienvater ein, der nach einer schweren Operation frühberentet worden war und sich ziemlich unnütz vorkam. Er hatte zwei halbwüchsige Söhne, die lustlos die Schule besuchten und in ihrer Freizeit auf den Straßen herumlungerten. Mit Blick auf diese erklärte ich dem Vater, dass er zwar jetzt keine Gelegenheit mehr habe, sich beruflich zu profilieren, dass er aber die einmalige Chance besitze, seinen Söhnen am eigenen Beispiel darzulegen, dass freie Zeit durchaus klug und fruchtbringend gefüllt werden kann, und zwar nicht bloß mit Rauchen, Zeitunglesen und Kneipenbesuchen, sondern mit Interessen, Hobbys und freiwilligem Einsatz. Sein Vorbild in dieser Sache werde vielleicht sogar noch dringender gebraucht als seine Arbeitskraft. Denn sollten seine Söhne eines Tages selbst in eine Krise hineinschlittern, dann werde sie dort nicht das Geld herausholen, das der Vater einst verdient hat, sondern eher sein tapferes Engagement, das er trotz widriger Umstände unbeirrt an den Tag gelegt habe.

Der Mann hat meine Worte bestens verstanden und kurze Zeit später einen Ausmal- und Tapezierfreundschaftsdienst in seinem Bekanntenkreis eingerichtet, indem er gegen kleine Dankesgaben mithalf, Wohnungen zu verschönern. Erfreulicherweise hat sogar einer seiner Söhne daran Geschmack gefunden und nach Schulabschluss eine Tapeziererlehre begonnen.

"Nun bin ich zu nichts mehr nütze!", klagte ein Blatt, als es im Herbst zur Erde fiel.

Aber ein Käferchen, das darunter seinen Winterschlaf hielt, dachte beim Einschlummern: "Ein schöneres Dach könnte ich mir nicht wünschen!"

Rudolf Kirsten

Es gibt nichts, das nicht doch noch für irgendetwas gut wäre. Selbst eine verunglückte Kindheit kann als Kontrast- und Warnelement dienen, wie es bei einem weiteren meiner Patienten der Fall war. Der junge Mann stammte aus fürchterlichen Familienverhältnissen. Sein brutaler Vater hatte ihn bei jedem geringsten Anlass gequält, aber noch schlimmer waren die hysterischen Szenen seiner Mutter gewesen, die ihm Nervenzusammenbrüche am laufenden Band vorexerziert hatte. Ich darf dieses Urteil fällen, denn ich kannte die Eltern persönlich.

In Anbetracht dessen hat sich der junge Mann erstaunlich geradlinig entwickelt, hat sein Abitur bestanden und danach den Ersatzdienst in einer sozialen Einrichtung abgeleistet. Aber plötzlich sackte er in ein gefährliches seelisches Tief ab. Er hatte eine harte Auseinandersetzung mit seiner Freundin, gleichzeitig plagte ihn die Unsicherheit, was er nach dem Ersatzdienst beginnen solle. In dieser Krise tauchten massive Ängste und autoaggressive Hassgefühle auf, ja, er reagierte fast ähnlich hysterisch wie seine Mutter, indem er mit dem Gedanken, sich etwas anzutun, spielte. In die Unzufriedenheit mit der Gegenwart und in die scheinbare Sinnleere der Zukunft hinein wucherten die Nachwehen aus seiner Vergangenheit.

Psychotherapeutisch wäre es ein Leichtes gewesen, den Erklärungsbogen zu den elterlichen Gräueltaten zu spannen, die aber nicht aus der Welt zu schaffen waren, und – in Erinnerung gerufen – den jungen Mann bloß zusätzlich belastet hätten. Deshalb baute ich seine tragischen Erfahrungen „umgekehrt" in den Heilsplan ein. Ich fragte ihn, ob er sich nicht oft – vielleicht öfter als andere Kinder – gewünscht hatte, seine Eltern wären freundlich und nett zueinander und würden Liebe verstehen als ein Füreinanderdasein und nicht als ständige gegenseitige Machtprobe. Sogleich bejahte er meine Frage. Daraufhin brauchte ich ihn nur noch darauf hinzuweisen, dass er zwar nicht für die Taten seiner Eltern verantwortlich sei, dass er aber mitverantwortlich zeichne für alles, was zwischen ihm und seiner Freundin hier und heute passiere; dass er in seiner gegenwärtigen Liebesbeziehung konkret mitbestimme, ob sie harmonischer ausgehen werde als diejenige seiner Eltern oder nicht. Plötzlich wurde das erlittene Familiendrama für ihn in der Retrospektive sinnvoll: es konnte ihn vor Nachahmung schützen. Er begriff, dass er keineswegs ein Produkt seiner

Kindheit, sondern im Wesentlichen ein Produkt seiner eigenen Entscheidungen war, und diese wunderbare Erkenntnis genügte, um bei ihm jegliche hysterische Krankheitsanbahnung im Keim zu ersticken.

Schließlich gelang es ihm, die Bande seiner unglücklichen Vergangenheit endgültig zu lösen, als er eine Ausbildung zum Sozialarbeiter aufnahm mit dem Fernziel, in der Rehabilitation misshandelter und milieugeschädigter Kinder mitzuhelfen. Tüchtige Menschen wie er beweisen, dass in der Erziehung Versäumtes durch die Kraft der *Selbsterziehung* nachgeholt werden kann, wenn darauf verzichtet wird, jedwede Schuld am eigenen Versagen auf die Eltern oder die äußeren Umstände abzuwälzen und opferlamm-dumm im Schatten der Sündenböcke zu versumpfen.

Mutter ist die beste ... Ausrede

Immer wieder, besonders im Mai, wird behauptet, dass unsere Gesellschaft die Mütter nicht genug beachtet. Wer sich aber ein wenig umhört, der kann dem nicht zustimmen. Wann immer Menschen bei uns anfangen, aus ihrem Leben zu berichten, kommen sie früher oder später auf die Mütter zu sprechen ...

Der 22-jährige Gelegenheitsarbeiter Helmut zum Beispiel erzählt: „Eigentlich wollte ich Testpilot werden. Aber für die Schule hatte ich keinen Nerv. Und außerdem war's daheim echt nicht auszuhalten. Meine Mutter hat ja bloß mich, da hat sie den ganzen Tag für mich ‚rumgemacht', gewaschen, geputzt, gekocht und so. Irgendwie hab' ich mich da dauernd schuldig gefühlt. Wie ich 18 war, bin ich natürlich abgehauen!" Und er fügt hinzu: „Wenn sie anders gewesen wär', dann hätt' ich bestimmt den Abschluss hingekriegt. Dann stünd' ich heute besser da!"

Die 30-jährige Studentin Ilsebill sehnt sich seit langem nach einer dauerhaften Beziehung. „Aber alle meine Partnerschaften gehen in die Brüche", erzählt sie. Auch eine Reise nach Oregon zum Baghwan konnte daran nichts ändern. Seit zwei Jahren macht sie eine Analyse. „Da habe ich erkannt, dass hinter meinen Schwierigkeiten mit Männern ein unbewältigter Konflikt mit meiner Mutter liegt. Ich habe im Grunde eine unheimliche Wut auf sie, weil sie immer meinen jüngeren Bruder vorgezogen hat." Obwohl Ilsebill ihrer Mutter dies vorwurfsvoll gesagt hat, geht es ihr nicht besser. „Leider zeigt meine Mutter keinerlei Einsicht. Vor zwei Wochen hat sie sogar meinem Bruder zum 18. Geburtstag einen Pullover gestrickt! Das hat mich innerlich derart zurückgeworfen, dass ich mit meinem Freund Schluss machen musste!"

So weit Helmut und Ilsebill. Bestimmt kennen viele SZ-Leser aus eigener Erfahrung eine Fülle ähnlicher Beispiele, die die wichtige Rolle der Mutter in unserer Gesellschaft aufzeigen!

Elisabeth Höfl-Hielscher

Glück hängt nicht an äußeren Bedingungen

Aussagen wie die gerade gehörten spiegeln unsere Armut wider. Wir haben viele Güter und wenig Freuden. Die junge Generation wächst unter exzellenten Bedingungen auf und kennt sie vielfach nicht. Sie könnte mehr Werte verwirklichen, als sich in einem ganzen Leben unterbringen lassen, aber oft schwimmen sie im Sog der Werteinflation mit. „So viel Sex und so wenig Lust", klagte eine junge Deutsch-Amerikanerin bei mir. „Es gibt haufenweise Werbeangebote, die Qualitätszugewinne versprechen, und trotzdem sitzt ein jämmerliches Unbehagen in meiner Seele", fuhr sie fort. „Komfortkühlschrank mit Automatik-Speisezettel, Abenteuerreisen mit Überraschungskick, Hochhausklettern mit Magnetschuhen, Eine-Nacht-Bekanntschaften mit Parfümbad – wieso kotzt mich das alles an?"

„Weil Sie eine tiefe Wahrheit in sich spüren", antwortete ich. „Die Superangebote machen nicht glücklich. Das Glück entsteigt einzig einer würdigen Einstellung des Menschen zu seinen äußeren Bedingungen, seien sie gut oder schlecht. Es wohnt in den Zimmern der Bescheidenheit, der Zufriedenheit und der Treue zu sich und anderen. Es ist nicht käuflich, sondern kommt auf leisen Sohlen angetrippelt, in einer Atmosphäre, in der es gar nicht erwartet, geschweige denn zu erzwingen versucht wird."

> Das Glück, kein Reiter kann's erjagen,
> es ist nicht dort, es ist nicht hier;
> lern überwinden und entsagen,
> und ungeahnt erblüht es dir!
>
> *Johann Wolfgang von Goethe*

Ich beschrieb der jungen Frau die Lebensart eines Ehepaares, mit dem ich gerade vorher zu tun gehabt hatte. Der Mann war blind und besorgt, inwieweit er seinem Kind, das unterwegs war, trotz seiner Behinderung ein förderlicher Vater sein werde. Das Gespräch mit den Eheleuten hatte mich gerührt. Wie schnell hätte ihre gemeinsame Freizeit zu Zwiespalt und Hader führen können, zumal dem blinden Mann Tätigkeiten wie Fernsehen, Basteln, Tanzen etc. verschlossen waren. Doch die beiden hatten aus der Not eine Tugend gemacht. Sie hatten abendliche Vorlesestunden eingeführt. Die Frau las aktuelle Nachrichten oder einzelne Buchkapitel laut vor und genoss dabei die räumliche Nähe und Verbundenheit mit ihrem Mann, der zärtlich seinen Kopf in ihren Schoß legte, um ihren Worten zu lauschen. Ihn wiederum freuten diese Feierstunden des Abends, weil seine Frau ihm das Tor zur Welt aufschloss, wie er es ausdrückte, und es in seinem Inneren hell werden ließ. Beide wollten ihre Abendgewohnheit nicht missen und waren durchaus versöhnt mit dem belastenden Umstand der Blindheit des Mannes. Sie waren glücklich, und ich durfte ihnen versichern, dass auch ihrem Kind nichts abgehen werde.

„Sehen Sie", erläuterte ich der jungen Deutsch-Amerikanerin, „es gibt Werte auf einer höheren Ebene als der von Bedürfnisstillung und Konsumation. Die tapfere Haltung dieser beiden Menschen, der behutsam-liebevolle Umgang miteinander, die Voraussorge um ihr Kind, das alles sind Schutzschilder gegen die Anfechtungen eines bedrängenden Schicksals. Hier breitet sich kein Unbehagen in der Seele aus, obwohl – oberflächlich betrachtet – genügend Grund dazu vorhanden wäre."

Nachdenklich verließ sie mich, und ich hoffe, dass ihr die Geschichte von dem blinden Mann sozusagen die eigenen Augen geöffnet hat.

> Ein verhungert Hühnchen fand
> einen feinen Diamant
> und verscharrt' ihn in den Sand.
>
> Mögte doch, mich zu erfreun,
> sprach es, dieser schöne Stein
> nur ein Weizenkörnchen sein!
>
> Unglückselger Überfluss,
> wo der nötigste Genuss
> unsern Schätzen fehlen muss!
>
> *Friedrich von Hagedorn*

Das Gedicht aus dem 18. Jahrhundert ist problemlos ins 3. Jahrtausend zu übertragen. Da sind es die Diamanten der Hightech-Gesellschaften, die die Seele nicht nähren, und die Weizenkörnchen schlichter Herzenswärme, nach denen wir hungern.

Ein „Weizenkörnchen" besonderer Art ist die Bereitschaft, unter frühere Querelen einen Schlussstrich zu ziehen. Speziell im Familienleben vergiftet ein ständiges Wiederkäuen vergangener Ausrutscher das Gesamtklima ungemein. Es versperrt die Tür zur gemeinsamen Zukunft. Die Vorgeschichte einer zwischenmenschlichen Beziehung hat natürlich ihre Bedeutung, doch kommt ihr nicht die alleinige Macht über die weitere Entwicklung dieser Beziehung zu, wie oft fälschlich vermutet wird. Die weitere Entwicklung wird vielmehr aus der gemeinsam visionär gestalteten Zukunft her gesteuert, sofern die Tür zu einer solchen noch offen ist.

Ein mir bekanntes Paar hatte in der Anfangszeit seiner Ehe bei den Schwiegereltern der Frau gewohnt, was heftige Konflikte mit sich gebracht hatte. Das Paar sparte auf ein kleines Reihenhäuschen. In der mühsamen Periode des Sich-Abrackerns hielten die Eheleute fest zusammen. Als das Haus aber endlich bezogen war, begannen die gegenseitigen Sticheleien, die stets im Aufrollen der alten Zwistigkeiten mit den Schwiegereltern endeten. Die Frau behauptete, ihr Mann habe sie bloß als billige Arbeitskraft benützt. Der Mann schimpfte, er hätte auf seine Eltern hören und nie heiraten sollen, dann wäre er von dem „ewigen Gezänke" verschont geblieben. Die positiven äußeren Lebensumstände wie der Hausbesitz und die eroberte Freiheit korrelierten nicht mit einer inneren Zufriedenheit der beiden Menschen. Im Gegenteil, in der ersehnten Zweisamkeit hackten sie erst recht aufeinander los.

Man hätte meinen können, das Hauptproblem des Ehepaares sei ein Stück unbewältigte Vergangenheit, aber dies ist oft eine trügerische Hypothese. Wo die Sonne nicht hinscheint, macht sich Dunkelheit breit. Soll deswegen alles Sinnen und Trachten um die Anwesenheit der Dunkelheit kreisen? Ist es nicht effizienter, das Sonnenlicht einzulassen?

Ich fragte sowohl die Frau als auch den Mann, ob es etwas gab, das sie gerne miteinander erleben würden. Nach einigen Überlegungen stellte sich heraus, dass vor Jahren, knapp nach ihrer Hochzeit, ein Flug nach Kanada geplant gewesen war. Dort wohnte nämlich eine ehemalige Schulfreundin der Frau, die zum Besuch eingeladen hatte. Allerdings hatte, kurz nach der Hochzeit, das Geld nicht gereicht, und später war alles

Vermögen in den Hauskauf investiert worden. Mittlerweile fühlten sich die beiden mit ihren längst vergessenen Englischkenntnissen unsicher, eine so weite Reise anzutreten. Daraufhin unterbreitete ich ihnen einen dreifachen Vorschlag:

1. Sie schreiben sich zu einem gemeinsamen Englischkurs in einer Sprachschule ein.
2. Sie besorgen sich Prospekte und Informationsmaterial über Kanada und studieren sie in ihrer Freizeit miteinander durch.
3. Sie treffen eine Vereinbarung, wonach immer dann, wenn einer von der unglücklichen Zeit bei den Schwiegereltern zu sprechen anhebt, der andere stillschweigend die Landkarte von Kanada holt und dem Partner unter die Nase hält, was so viel heißt wie: Denke an die Zukunft und nicht an die Vergangenheit!

Die beiden waren damit einverstanden und haben wirklich im darauf folgenden Jahr ihre Überseereise durchgeführt. Sie kamen danach noch einmal, um mir die Fotos, die der Mann mit großem Geschick geknipst hatte, zu zeigen. Als ca. 100 Bilder auf meinem Tisch ausgebreitet lagen, und mir wortreich von den Sehenswürdigkeiten der einzelnen Reiseetappen berichtet wurde, rutschte der Frau eine Bemerkung heraus, über die ich insgeheim lächeln musste. Sie erwähnte nebenbei, dass auch ihre Schwiegereltern von den Fotos hellauf begeistert gewesen seien, als sie sie gesehen hätten. Ich hütete mich, an dieses Thema erneut zu rühren, war aber froh, dass offenbar die alte Feindseligkeit in der Familie ein wenig abgeklungen war. Manchmal muss eben, um mit Hermann Hesse zu sprechen, das (Fast-)Unmögliche versucht werden, damit das (Sinn-)Mögliche entsteht.

> Im alten China lebte vor langer Zeit ein weiser, alter Mann namens Lao-Tse. Immer, wenn jemand im Dorf ein Problem hatte oder nicht mehr weiter wusste, ging er zu Lao-Tse und fragte ihn

um seinen Rat. Man schätzte den Scharfsinn des Alten weit über die Grenzen seiner Provinz hinaus.

Eines Sommers kam eine Gruppe junger Burschen aus der großen Stadt ins Dorf. Die Studenten hatten von Lao-Tse gehört und wollten seine Weisheit auf die Probe stellen. Ihr Anführer verkündete laut, wie er Lao-Tse zu überlisten gedachte: „Kameraden, seht ihr den Vogel hier in meiner Hand? Ich werde den Alten fragen, ob der Vogel tot oder lebendig ist. Antwortet er, der Vogel sei tot, werde ich meine Hand öffnen und den Vogel fliegen lassen. Sagt er, der Vogel lebt, werde ich den Vogel mit aller Wucht auf den Boden werfen, sodass er stirbt. Auf jeden Fall werde ich Recht behalten!"

Die jungen Burschen waren sehr siegessicher, als sie wenige Tage später zu dem riesigen Baum zogen, wo Lao-Tse in den heißen Mittagsstunden meditierte. Dieser sah sie schon von weitem auf sich zukommen und ahnte, was geschehen sollte. Aber seine Weisheit schenkte ihm die nötige Gelassenheit. Als die Studenten vor ihm standen, schaute er sie ruhigen Blickes an und fragte: „Was kann ich für euch tun?"

Der Anführer lächelte hämisch und meldete sich sogleich zu Wort: „Oh du berühmter, alter Lao-Tse, sag mir über den Vogel, den ich hier in meiner Hand halte – lebt er oder ist er tot?" Lao-Tse schwieg eine Weile, dann erwiderte er mit ruhiger klarer Stimme: „Das Schicksal liegt in deiner Hand!"

Ach, könnte man doch alle jene unglücklichen Menschen, die sich ständig auf widrige Umstände, belastete Vorgeschichten und tausenderlei äußere Schwierigkeiten berufen, zum Baum des alten Lao-Tse transportieren, damit auch sie seine Botschaft vernähmen. Was machen sie mit ihren guten Gaben und Talenten? Einen Höhenflug, einen Sturz zu Boden? Es liegt in ihrer Hand …

Trotzdem Ja zu Sorgenkindern sagen

Längst haben die Medien einen Sachverhalt aufgegriffen und in zahllosen Experteninterviews abgehandelt, der seit Ende des 20. Jahrhunderts allgemeine Besorgnis erregt. Gemeint ist die gestiegene Gewalttätigkeit von Schulkindern. Jeder dritte Schulunfall geschieht, weil Schüler aufeinander losgehen, Jüngere oder Schwächere schlagen, kratzen, beißen und mit Fahrradketten auspeitschen. Mehr als 400.000 solch übler Zwischenfälle werden allein in Deutschland jährlich registriert, mit zunehmender Tendenz. Nicht selten schieben die Eltern den Lehrern die Schuld zu, die doch ihr Handwerk verstehen müssten, und diese geben den „schwarzen Peter" postwendend an die Eltern zurück, indem sie behaupten, das gesamte häusliche Milieu sei aggressionsgeladen.

Diese gegenseitige Kritik schwächt die Erziehungspersonen, statt sie zu ermutigen, sich der Problematik zu stellen. Was da Not tut, ist die Annahme der Kinder in Liebe, ohne andauernd bei sich und anderen nach verursachenden Fehlern zu suchen. Die bedingungslose Annahme unserer Kinder trotz deutlicher Ablehnung ihres gestörten Verhaltens! Zu viele pädagogische Varianten sind schon ausprobiert worden, mit Minimalerfolg. Von eiserner Konsequenz war die Rede und von partnerschaftlichem Umgang der Generationen miteinander; von Förderung der Kreativität und ausgleichendem Training. Jedoch haben sämtliche Erziehungsstrategien ihre verfänglichen Haken. Zum Beispiel bestätigte mir einst eine Kindergärtnerin aus einem antiautoritär geleiteten Kindergarten in Berlin, dass auch dort die Kinder – wie im bekannten Witz – täglich frustriert fragen: „Tante, müssen wir heute wieder spielen, was wir wollen?" Ein Ergebnis – sicher nicht im Sinne des Erfinders.

Es ist wichtig, für unsere Kinder selbstverständlich und natürlich da zu sein, ohne ständig auf sie einzureden. Schon Gottfried Keller schrieb (in seinem Buch „Der grüne Heinrich", dtv): „Ich habe bemerkt, dass diejenigen Menschen, die stets das große Wort führen, aus denen nie klug werden, welche ihretwegen nie zu Wort kommen." Ein wohlgeratener Ausspruch! Wer sich genügend Zuhörzeit für die ihm anvertrauten Kinder nimmt, versteht sie besser und kann sie behutsamer und indirekter lenken. Zugleich kann er sie auch leichter „an sie selbst zurückgeben" im Vertrauen auf einen in ihnen schlummernden, verborgenen heilen Kern. Der Mensch ist schließlich kein Teig, dessen Zutaten aus den Erbanlagen gerührt werden, den die Hand des Erziehers zur gewünschten Figur knetet, und der im Backrohr der Zeit fertigbrät! Immer tritt etwas ganz und gar Eigenständiges und Unvorhersehbares hinzu: die einzigartige Individualperson des Kindes. Sie zu respektieren, reduziert Stress auf beiden Seiten.

> Ryokan hielt keine Predigten und tadelte nie jemanden. Einmal bat sein Bruder Ryokan, in sein Haus zu kommen und seinem gestrauchelten Sohn zuzureden. Ryokan kam, sagte dem Jungen aber kein einziges Wort der Ermahnung. Er blieb über Nacht und bereitete sich auf seinen Abschied am nächsten Morgen vor. Als der widerspenstige Neffe Ryokan die Strohsandalen band, fühlte er einen warmen Tropfen Wasser. Er blickte auf und sah, wie Ryokan mit den Augen voller Tränen auf ihn hinunterschaute. Dann kehrte Ryokan nach Hause zurück, und der Neffe wandelte sich zum Besseren.

„Güte entwaffnet", daran mögen wir uns halten, wenn wir mit Aggressivität konfrontiert sind, was freilich nicht bedeutet, dass man alles schlucken soll. Von gravierendem Fehlverhalten muss man sich unmissverständlich distanzieren. Aber Distanzierung ist noch kein Fallenlassen; man kann auf Abstand gehen und dennoch gütig bleiben, man kann zum kindlichen Tun Nein und trotzdem Ja zum Kinde sagen. Und noch eines kann man immer und überall: Vorbild sein.

„Es ist schlimm um die heutige Jugend bestellt. Keiner steht auf und macht den älteren Leuten Platz!", beschwert sich ein Herr mittleren Alters in der U-Bahn. „Aber Sie haben doch einen Platz", wendet ein Fahrgast ein. – „Ich schon", entgegnet der andere, „aber meine Mutter steht schon geschlagene zwanzig Minuten."

Die Negativismen der Zeit sind nur mit positiven Modellen zu entkräften. Es liegt an uns, ethisches Verhalten zu praktizieren. Dazu brauchen wir einen tragfesten Glauben, auch an unseren Nachwuchs, einen Glauben, den keine alarmierende Statistik bzw. pessimistische Expertenmeinung ins Wanken zu bringen vermag. Hier zwei abschreckende Beispiele, wie der Glaube an etwas Schönes und Hoffnungsvolles innerhalb von Minuten untergraben werden kann.

Beispiel 1:
Eine Mutter erklärte mir, dass sie das zweitgeborene Kind ihrer Eltern sei. Das Erstgeborene sei ein Jahr vor ihr zur Welt gekommen und unmittelbar danach gestorben. Die Mutter sagte, sie habe diese Konstellation ursprünglich eher positiv bewertet, weil sie gedacht habe, sie sei – nach dem großen Verlust, den ihre Eltern erlitten hatten – gewiss ein Wunschkind gewesen. Doch als sie zufällig mit ihrem Hausarzt über das vor ihrer Geburt verstorbene Geschwisterkind gesprochen habe, habe dieser mit ernster Miene den Verdacht geäußert, sie wäre vermutlich nur ein „Ersatz" für ihre Eltern gewesen, und die Eltern hätten in ihrer Liebe nicht sie, sondern das tote Kind gemeint. Dieser Gedanke habe die Frau jahrelang bedrückt, und sie habe seither kein unbeschwertes Verhältnis zu ihren Eltern mehr gehabt.

Welch eine unnötige (und unrealistische) „Aufklärung"!

Beispiel 2:
Während einer Arztvisite in einem Nervenkrankenhaus wohnte ich einmal einem (ungewollt) destruktiven Dialog bei.

Der Chefarzt fragte einen alkoholkranken Patienten, der seit einigen Wochen im Krankenhaus lag, wie er sich fühle. Dieser antwortete, es gehe ihm recht gut. Nur am letzten Wochenende habe er unmittelbar nach dem Aufwachen eine Angstattacke erlitten. Seine Zimmergenossen seien schon aufgestanden gewesen, wodurch er sich allein und verlassen im Saal befunden habe. Plötzlich habe ihn eine massive Angst vor der Zukunft bedrängt. Der Chefarzt wandte sich an die zuständige Oberärztin, die bei der Visite neben ihm stand, und fragte, ob diese Angstattacke eine Nachwirkung des Alkoholmissbrauchs sein konnte. „Nein", erwiderte sie, „dafür ist der Patient schon zu lange trocken. Aber er ist halt ein recht labiler Typ ..." „Aha", sagte der Chefarzt und ging weiter ans nächste Bett.

Was hat sich hier abgespielt? Ein Mensch ist auf seinem Weg der Rekonvaleszenz vom Fachmann als „labiler Typ" abgestempelt worden, und das chefärztliche „Aha" setzte das „Amen" darunter. Wie sollte jener Patient sein Selbstvertrauen erneuern, wie sollte er mutig den Kampf gegen seine Suchtneigung aufnehmen, wie sollte er seine Zukunft (vor der er sowieso Angst hatte) mit Elan meistern, wenn er in seinem Selbstverständnis derart degradiert wurde?

Auf die Pädagogik übertragen bedeutet dies, dass „glaubensreduzierende Maßnahmen" nicht erlaubt sind. Aussprüche wie: „Das begreifst du ja doch nicht!" oder „Aus dir wird nie etwas werden" drücken die Kinder in eine *erlernte Hilflosigkeit* (Seligman) hinein, aus der sie sich höchstens mit überwältigenden Trotzkräften freistrampeln können. Dem unter dem Künstlernamen „Conan" bekannt gewordenen Schauspieler ist dergleichen gelungen. Weil mein Schwiegervater sein Lehrer in der Schule war, weiß ich, dass dieser Schauspieler als Kind der zarteste Bub in seiner Klasse gewesen ist, dem niemand irgendeine körperliche Leistung zugetraut hätte. Niemand, außer offensichtlich er selbst! Er hat hart an sich gearbeitet und es zum muskulösen Kinohelden gebracht, den eine ganze Kids-Generation verehrte. Leider entfaltet nicht jedes Kind ein vergleichbares Trotzpotenzial. Meistens hindert das Bewusstsein einer Schwäche den Mut, ihr zu trotzen.

Trauen wir deswegen unseren Kindern lieber ein bisschen zu viel als zu wenig zu. Trauen wir auch den verhaltensauffälligen und neurotischen Kindern zu, sich zu fröhlichen, gesunden Menschen entwickeln zu können – das wäre unser größter Liebesdienst an ihnen, das beste Paket, das wir ihnen für ihren steinigen Lebensweg schnüren können. Glauben wir an sie, damit es ihnen leichter fällt, an sich selber zu glauben! Ich habe einst in einem Kinderheim einem Gruppenspiel beigewohnt, bei dem Karten gezogen, und nach jedem Kartenspiel die Plätze getauscht wurden. Aus Gründen, die ich nicht mehr weiß, wurde einer der Stühle zum Zauberstuhl erkoren: jeder, der darauf sitze, würde gewinnen. Es scheint unfassbar, aber in der Tat waren die Gewinner der nächsten Runden die jeweiligen Besitzer des Zauberstuhls. Dann kam ein blasses, kleines Mädchen an die Reihe. Als es den Zauberstuhl bestieg, flüsterte es: „Ich bin ein Pechvogel, bei mir wirkt der nicht." Das Mädchen verlor.

Dabei war es ein reines Glücksspiel! Dennoch ... die Erwartungshaltung eines Menschen hat eine geheimnisvolle Kraft, ausgerechnet das Erwartete anzuziehen. Dies sollten wir nicht vergessen, wenn wir es mit Sorgenkindern aller Art zu tun haben. Solange sie sich selbst für „Pechvögel" halten, *sind* sie Pechvögel und verhalten sich entsprechend aggressiv, depressiv oder regressiv. Helfen wir ihnen, die Rolle des „Pechvogels" abzustreifen, und ihre Glückssträhne wird beginnen. Setzen wir sie in unserer Imagination auf den „Zauberstuhl", wie verfahren ihre gegenwärtige Situation auch dünken mag und wie haarsträubend unsympathisch sie sich auch benehmen mögen. Der menschliche Geist hat einfach mehr Reserven, als sich unsere Pädagogik träumen lässt!

Es war einmal ein Tintenfleck, der saß dick und breit auf einer weißen Seite, genau dort, wo ihn keiner haben will. Er schämte sich ob seiner hässlichen Gestalt und war traurig, dass gerade er so dort gelandet war. Am liebsten hätte er sich verkrochen oder wäre davongeflossen, aber wie nur?

Da hörte er plötzlich fröhlichen Kindergesang näher kommen. Schon merkte er, wie eine Hand die Seiten des Heftes aufblätterte. Oh weh – ausgerechnet bei seiner Seite hörte das Blättern auf, sodass er nun offen und für jeden sichtbar auf dem Tisch lag. Doch was war das?

Ein Juchzer war zu hören! Gleich darauf wiegte sich das Blatt vom Zeichnen und Malen einer Kinderhand. Wellen entstanden, bunte Fische und gelber Sand wurden sichtbar, und eine Sonne schmückte den Himmel. Ehe der Tintenfleck begriff, was geschah, wurde seine kleine Gestalt mit vielen blauen Armen versehen, die lustig nach allen Seiten griffen.

So wurde der Tintenfleck zum Tintenfisch, und wer immer das schöne Ferienbild betrachtete, dachte an das Rauschen des Meeres und an die Pracht seiner Lebewesen.

Katja Oertel, Grundschullehrerin

Dieses schöne (im Original farbige) Bild hat ein 7-jähriges Mädchen unter der Obhut seiner Lehrerin gemalt. Was die Kleine zusätzlich an „Erleuchtung" aus der Zeichenstunde mitgenommen hat, lässt sich kaum in Worte kleiden. Wahrschein-

lich nicht weniger als das emotionale Verstehen, dass letztlich alles wieder gut werden kann. Dass aus jedem Missgeschick ein persönliches Verdienst herauszuschlagen ist, und jedes Unglück sich zum Neuentwurf einer sinnvollen Möglichkeit wandeln lässt. Seine Lehrerin hat sich nicht in eine Hyperreflexion der diversen Störungen ihrer Schulkinder hineingedreht, etwa nach dem Motto: „Verdammt, nie können sie ruhig sitzen, jetzt klecksen sie schon wieder, sie haben wahrhaft überhaupt keine Disziplin …", sondern hat stattdessen liebe- und humorvoll auf die „Pechvögel" in ihrer Klasse eingewirkt. Für dieses ausgezeichnete therapeutisch/pädagogische Vorgehen verdient sie höchste Anerkennung!

Die moderne Frau im Zwiespalt

Frauen haben schon immer gearbeitet. In früheren Zeiten waren sie im häuslichen Bereich fast rund um die Uhr im Einsatz (die adeligen Damen der jeweiligen Oberschichten ausgeklammert). Die Aufgabe der Frauen war es, die oft üppige Kinderschar aufzuziehen, und zwar unter primitiven und armseligen Gegebenheiten, wie sie uns heute unvorstellbar vorkommen. In bäuerlichen und handwerklichen Kreisen halfen sie intensiv zur Unterstützung ihrer Männer und zur Verbesserung des Einkommens mit. Es ist nicht überliefert, dass sie sich je über Stress beklagt hätten, aber früher gab es das Wort „Stress" auch noch nicht.

Im 20. Jahrhundert mussten sich die Frauen radikal – obgleich nicht ungern – umstellen. Sie haben die Berufsfelder außerhalb des Häuslichen entdeckt und für sich beansprucht. Damit ist allerdings ihre alte Domäne des Häuslichen nicht wesentlich geschrumpft, nur die Kinderzahl ist zurückgegangen. Es galt nunmehr, zwei Welten, die „Außerhauswelt" und die „Innerhauswelt" zu integrieren, wofür, rein historisch, äußerst knappe Lernzeit zur Verfügung stand. Die Nachwehen sind in der psychotherapeutischen Praxis zu spüren, in der auch heute noch Frauen Rat suchen, weil sie sich mit einer solchen Integration schwer tun. Es treibt sie ein merkwürdiges Verlangen nach ausgerechnet derjenigen „Weltennähe" um, die sich gerade nicht anbietet.

Frauen, die weder Familie, noch Beruf haben, klagen über Leere- und Lustlosigkeitsgefühle, über die Einsamkeit, die sie lähmt, und über die Monotonie der dahinfließenden Tage. Frauen, die im Unterschied dazu Familie und Beruf haben, klagen über ihr entsetzliches Eingespanntsein, über die Gespaltenheit zwischen beiden Aufgabenbereichen und darüber, niemals Ruhe für sich selbst zu finden. Frauen, die nur in der Familie tätig sind, züchten ihre Minderwertigkeitskomplexe, fühlen sich vom pulsierenden Leben abgeschnitten, finanziell abhängig und von ihren Angehörigen „aschenbrödelähnlich" ausgenutzt. Frauen, die nur im Beruf stehen und keine Familie haben, meinen wiederum, das Wichtigste zu versäumen, sehnen sich nach Partnerschaft und Mutterschaft, und fürchten, dass ihnen die Decke auf den Kopf fällt, wenn sie abends ihre Wohnung aufsperren, in der niemand auf sie wartet. Sie allesamt leiden unter „Stress" ...

> „Ich bin so besorgt", jammert Frau Schneider, „bei meinem Mann muss mit dem Gedächtnis etwas nicht in Ordnung sein. Ich spreche oft stundenlang mit ihm über meine Probleme, und zum Schluss stelle ich fest, dass er überhaupt keine Ahnung hat, was ich geredet habe." – „Nun, liebe Frau", lächelt der Arzt, „das ist keine Gedächtnisstörung, das ist eine Begabung!"

Kein Wunder, wenn sich bei ununterbrochenem Geklage jede „menschliche Klagemauer" irgendwann abschottet!

Theoretisch ließen sich jedoch die beklagten Nachteile und die von den Frauen vermissten Vorteile gegenseitig austauschen. Frauen mit Familie und Beruf könnten sich über die Unentbehrlichkeit ihres Wirkens und den Abwechslungsreichtum ihres Tagesablaufes freuen. Frauen ohne Familie und Beruf könnten ihre momentane Erholungsphase als Chance zur Besinnung und Umorientierung begrüßen. Frauen, die nur die Berufspflicht tragen, könnten stolz auf ihre Unabhängigkeit und Leistungskraft sein, die ihnen Selbstbestätigung vermitteln. Und Frauen, die lediglich der gute Geist ihrer Familie sind, könnten dankbar das Glück der Partnerschaft und Mutterschaft schätzen, das es zu hüten und zu bewahren gilt.

Eine Fülle an weiteren Sinnmöglichkeiten offeriert sich den modernen Frauen, was Jahrtausende lang kaum der Fall gewesen ist: Nebenbeschäftigungen, Fortbildungen, Hobbys, Kontakte mit Freunden, Gemeindearbeit, Reisen, musische und kreative Betätigungen, Sport, Spiel – sofern die Frauen bereit sind, die Angebote jeder einzelnen Lebenssituation bewusst zu registrieren, sorgfältig zu sondieren und mit freudiger Zustimmung aufzugreifen. „Die Zufriedenheit wohnt in uns selbst oder nirgends", pflege ich meinen Patientinnen zu sagen, „sie liegt nicht auf einem silbernen Tablett, das irgendwer an uns heranträgt, sondern strahlt aus uns selbst hinaus, und zwar von dem Platz aus, auf dem wir uns eben befinden."

> Wenn dein Alltag dir arm erscheint,
> klage ihn nicht an; klage dich an,
> weil du nicht stark genug bist,
> seine Reichtümer zu wecken.
>
> *Rainer Maria Rilke*

Vergiss die Brücke zu den anderen nicht!

Freilich soll man sich beim Aufgreifen der für das weibliche Geschlecht relativ jungen Berufsofferte nicht verausgaben. Das freundliche Wort zur Mitarbeiterin, das Beziehung schafft, kann wichtiger sein als ein Lobeinheimsen vor dem Chef, das ein Außenseitertum fördert. Die Gelassenheit an der Führungsspitze wird ein solideres Arbeitsklima erzeugen als scharfe Kontrollen, die Misstrauen produzieren. Eine Verschnaufpause zwischendurch mag bekömmlicher sein, insbesondere für Mütter, die auch nach der Arbeit noch fit sein müssen, als ein paar Sprossen höher in der Hierarchie zu klettern. Alles kann man nicht gleichzeitig haben, so banal das klingt. Eine Menge beruflicher Angebote ist zwangsläufig synonym mit einer Menge Verzichte, und diese dürfen nicht ausschließlich Opfer im zwischenmenschlichen Bereich fordern.

Ich hatte einmal eine Frau in Behandlung, die auf der Scheidung von ihrem Mann bestanden hatte, weil sie seinen häufigen Bierkonsum verabscheute. Ein Kind von ihm hatte sie abtreiben lassen. Wenige Wochen nach der Scheidung war ihr Ex-Mann gestorben. Sie war allein geblieben, arbeitete als Bibliothekarin in einer großen Bücherei und liebte ihren Beruf. Dort hatte sie guten Kontakt mit ihren Kunden, die sie freundlich und ausführlich beriet. Eines Tages erhielt sie überraschend eine andere Aufgabe zugeteilt: sie sollte sämtliche Bücher neu katalogisieren. Dazu wurde sie in einen von der Öffentlichkeit abgetrennten Raum versetzt, wo sie die Inventarisierung in aller Stille ungestört vornehmen sollte. Plötzlich drehte sie durch.

Der seelische Zusammenbruch der Frau wurde sichtlich durch die Umstrukturierung ihres Arbeitsplatzes ausgelöst. Ausgelöst, aber nicht verursacht! Die Ursachen lagen in einer seit langem andauernden Vernachlässigung des zwischenmenschlichen Bereichs. Die einzige Brücke zu den Mitmenschen im Leben dieser Frau war ja ihr Kontakt mit den Kunden gewesen, und als dieser auf höheres Geheiß hin abbrach, stürzte die Brücke ein.

Ich vermag nicht zu beurteilen, ob die Scheidung der Frau wirklich unumgänglich gewesen ist; die Partnerschaft mit einem Alkoholgefährdeten übersteigt oft die Kraft des Einzelnen. Andererseits nährt der rasche Tod ihres Mannes den Verdacht, dass dieser ernsthaft krank gewesen ist, und dass die Frau vielleicht den letzten Rest an Halt für ihn bedeutet hatte bzw. – hätte. Analog will ich nicht über die erfolgte Abtreibung urteilen. Zweifellos wäre der Mann für eine Vaterrolle ausgefallen. Dennoch: frägt man allein erziehende Mütter, ob sie ihre Mutterschaft bereuen, bekommt man meistens zu hören, dass sie sich ein Leben ohne ihr Kind gar nicht mehr vorstellen können.

Doch selbst wenn beide Entscheidungen dieser Frau quasi unvermeidlich gewesen sind, stellt sich die Frage, was sie anstatt der Liebe zu Mann und Kind an sozialem Engagement realisiert hatte; und siehe, da war nicht viel. Männer lehnte sie pauschal ab, mit Frauen wusste sie nichts anzufangen, Hobbys hatte sie keine entwickelt, und die Wochenenden vertrödelte sie mit Hausputz. Einem schweren Leben hatte sie ein leeres Leben vorgezogen, in dem der Beruf ihr isoliertes tägliches Plansoll darstellte. Das reichte nicht. Ihr „Wille zum Sinn" (Frankl) blieb frustriert, und der sterile neue Arbeitsraum hatte das „Frustrationsfass" bloß noch zum Überlaufen gebracht.

In unseren gemeinsamen Gesprächen überlegten wir folglich, wie sich das Privatleben dieser Frau wertintensiver gestalten ließe, und vor allem, wie zwischenmenschliche Kommunikation aufzustocken wäre. Wir rangen um eine „Vorleistung" ihrerseits, die eine entscheidende Veränderung zum Guten einleiten könnte. Weil sich nichts Passendes fand, bockte die Frau und griff zu Beruhigungstropfen. „Wollen Sie es Ihrem verstorbenen Mann gleichtun?", provozierte ich sie. „Ob Bier, ob Beruhigungstropfen … es ist Flucht vor der Verantwortung!" „Wofür bin ich verantwortlich?", konterte sie. „Dafür, dass Sie Ihre Fähigkeiten, Ihre Gaben und Talente zur fruchtbaren Entfaltung bringen, zum Wohle für sich und andere", klärte ich sie auf. „Außer von Büchern verstehe ich nichts", grollte sie. „Von Büchern ... halt, ich hab's!", rief ich aus. „Wie wäre es mit einem von Ihnen initiierten Literaturkreis?"

Der Widerstand der Frau schmolz. Bald raffte sie sich auf und sprach in Pfarreien und Stadtteilzentren vor mit der Bitte, dort Plakate aufhängen zu dürfen, auf denen sie einen 14-tägigen Literaturtreff für Laien in ihrer Wohnung ankündigte: Alle „Bücherwürmer" und „Leseratten" seien herzlich willkommen ... Und sie kamen. An manchen Abenden saßen 14 Literaturinteressierte im geräumigen Wohnzimmer der Frau, naschten mitgebrachte Kekse und diskutierten hitzig Textausschnitte und Kritiken. Wer hätte gedacht, dass sich so viele Leute zweimal monatlich aus den Fangstricken des Fernsehens zu befreien wussten! Meine Patientin war aber auch die richtige Person, um einen derartigen Kreis aufzubauen. Man kannte und schätzte sie von der Bücherei her, und ihr Überblick über die schriftstellerischen Glanzlichter diverser Epochen war grandios.

Das Wesentliche dabei war, dass ihre Brücke zu den Mitmenschen wieder erstand, ja, im Laufe der Zeit sogar zu einer harmonischen Bekanntschaft mit einem etwas älteren Herren führte, der kein Bier trank, dafür ein Faible für Kunstauktionen besaß und in dieser Hinsicht der Frau völlig neue Dimensionen aufschloss. Er setzte mit seiner Noblesse gleichsam das i-Tüpfelchen auf ihre seelischen Genesung. – Nun behaupte einer, ich hätte besser die vergangenen Ehewunden der Frau und ihren Schwangerschaftskonflikt ins Zentrum unserer Beratungsgespräche rücken sollen! Gewiss hätte sie mir in endlosen Stunden ihr Herz ausschütten können, aber an ihrer gegenwärtigen Situation hätte sich nichts geändert. So hingegen hat sie (hoffentlich) gelernt, dass auf jeden bitteren Einbruch von außen mit einem sinnstiftenden Aufbruch von innen geantwortet werden kann.

Eine arabische Legende erzählt von einem Vater und seinen drei Söhnen. Der Vater stirbt und hinterlässt seinen Söhnen 17 Kamele und ein Testament, in dem er die Aufteilung der Kamele unter die Kinder genau festgelegt hat. Der älteste Sohn soll die Hälfte bekommen, der zweite Sohn ein Drittel und der jüngste Sohn ein Neuntel. 17 Kamele – die Hälfte geht nicht, ein Drittel geht nicht, und ein Neuntel geht nicht! Die Zahl 17 ist weder durch 2, noch durch 3, noch durch 9 teilbar. Darum geraten die Söhne nach dem Tod des Vaters in einen heftigen Streit.

Als die Krise zu eskalieren droht, kommt ein Fremder geritten. Er hört von dem schwierigen Fall und stellt nach einigem Überlegen sein eigenes Kamel zu den 17 ererbten Tieren dazu. Nun sind es 18 Kamele, und die Aufgabe lässt sich leicht lösen. Der Älteste bekommt die Hälfte, also 9 Kamele, der zweite Sohn bekommt ein Drittel, also 6 Kamele, und der dritte Sohn erhält ein Neuntel, also 2 Kamele. Nachdem die Kamele dementsprechend aufgeteilt sind, machen alle eine wundersame Entdeckung: 9 und 6 und 2 sind zusammen 17 Kamele! Das vom Fremden dazugestellte Kamel bleibt für ihn wieder übrig. So hat sich der Fremde mit seinem Gut eingebracht, die Schwierigkeit lösen geholfen, und sein eigenes Kamel doch behalten.

Das in der Geschichte beschriebene Muster ist das Muster optimaler Psychotherapie. Der Therapeut bringt sich ein, auf dass sich die Lebensverwicklungen eines Patienten glätten mögen, und bleibt sich trotzdem selbst erhalten. Seine Ideen sind Ideen stimulierende Leihgaben. Was im Endeffekt heilt, entstammt dem „Heilserbe" des Patienten.

In diesem Sinne möchte ich mein Kamel in Form meiner langjährigen Erfahrung ausleihen und den modernen Frauen unserer Zeit raten: „Fürchten Sie keinen Stress und tauschen Sie nicht ein schweres Leben gegen ein leeres Leben; Sie würden den Tausch bereuen! Machen Sie Ihren Beruf aber auch nicht zu Ihrem Herrgott, er ist es nicht. Entlocken Sie ihm vielmehr sämtliche Sinn-Nuancen, die er in sich birgt, dann werden Sie für Ihre Arbeit noch einen ganz anderen Lohn empfangen als Ihr Gehalt. Und vergessen Sie neben dem Beruf die (Nächsten-)Liebe nicht, denn sie ist die Krönung des menschlichen und speziell des fraulichen Daseins!"

Der moderne Mann unter Erfolgszwang

Auch moderne Männer haben ihre Sorgen. Sie sind eng ins berufliche Korsett eingezwängt und stehen unter hohem Erfolgsdruck. Der Konkurrenzkampf ist knallhart, die lukrativen Jobs liegen nicht auf den Straßen herum. Je intelligenter, flexibler und vielseitiger die künstlichen Gehirne der Maschinen werden, desto gnadenloser drängen sie die menschliche Leistungskapazität in den Hintergrund.

Männer entwickeln seltener als Frauen eine permanente Klagehaltung, dafür umso häufiger einen verkrampften und ungesunden Ehrgeiz, der sie zu Sklaven ihrer eigenen Strebungen macht. Sie streben dann nämlich nicht eine Sache an sich an, ein Werk, dem sie sich verschrieben haben, sondern das Erfolgreichsein in dieser Sache, das Begründethaben des Werkes usw.; sie wollen Lorbeeren auf ihrem Haupte statt Inhalte in der Welt.

Erfolg kann aber nur, wie es der Begriff schon ausdrückt, erfolgen. Er ist wie das Glück weder erhaschbar noch erzwingbar, sondern vielmehr ein Nebeneffekt: eine „Draufgabe" zur Hingabe (Frankl). Ist ein Mensch aufgewühlt, mitgerissen von einer Zielsetzung, überzeugt von der Wichtigkeit seines Tuns, ist er zumindest einen Hauch begeistert von seinem Vorhaben und erlebt er es vorrangig als eigenen Auftrag, so wächst seine Chance auf Erfolg stetig an. Verbeißt er sich jedoch gedanklich in seine Karrierewünsche bzw. -ängste und lässt sich ansonsten von der Routine mitziehen, während sein Herz woanders weilt, dann ist er nicht „bei der Sache", es fehlt die Hingabe an seine Arbeit, und mit ihr verflüchtigt sich die „Draufgabe" Erfolg.

> Es sagte der Professor bei der Aufnahme neuer Musikschüler: „Und vergessen Sie nicht, ich erkenne einen fleißigen Schüler auch daran, dass er jeden Monat seine Wohnung wechseln muss."

Einen bemerkenswerten Fall einer Berufskrise, bei der fehlende Hingabe jeglichen Erfolg unmöglich gemacht hat, habe ich einmal bei einem jungen, schüchternen Priester erlebt. Er hatte vor kurzem seine Weihen empfangen und eine Tätigkeit in einer Pfarrei übernommen, als ihn eine Serie von Beschwerden überkam. Beim Messelesen begannen seine Knie zu zittern, das Atmen fiel ihm schwer, die Bewegungen seiner Hände wurden fahrig, und der Schweiß brach ihm aus, wodurch er kaum imstande war, die Zeremonien zu Ende zu bringen. Ärztliche Untersuchungen förderten außer einer leichten vegetativen Dystonie keinen organischen Krankheitsbefund zutage.

Charakteristisch war bereits die erste Frage, die der Patient an mich herantrug. Er war vorübergehend vom Kirchendienst suspendiert, hatte jedoch die Gelegenheit, in einigen Monaten eine kleine und wenig Stress versprechende Pfarrei auf dem Lande zu erhalten. Trotzdem wusste er nicht, ob er dorthin ziehen wollte. Er sagte also nicht: „Bitte helfen Sie mir, damit ich fit genug werde, diese neue Aufgabe zu erfüllen", sondern fragte zögernd: „Meinen Sie, soll ich dieses Angebot annehmen?" Das machte mich hellhörig. Was bedeutete ihm der Priesterberuf überhaupt? Auf mein Nachhaken erklärte er es mir. Er habe sich immer als Hirte in festlichem Gewand inmitten seiner Herde gesehen, umringt, beachtet, respektiert, Segen spendend. Dieses Bild gefiel ihm.

Mir gefiel es weniger. Natürlich skizzierte er mit seiner Beschreibung ein idyllisches Bild vom Seelsorger, aber in psychologischer Übersetzung hieß das, er hatte immer nur *sich* gesehen. Wenn er nun in der Realität eine Messfeier zelebrierte, sah er wiederum *sich* – denjenigen, auf den die Augen der Gläubigen gerichtet waren, welchen nicht entging, wie der Herr Pfarrer zitterte oder sich in seinen Gebeten verhaspelte; denen sich schonungslos offenbarte, wie nervös er war, und die insgeheim über ihn schmunzelten, wenn er sich zappelnd abplagte. Hier hatten wir den Angelpunkt seiner psychosomatischen Schweißausbrüche mit allen Zutaten. Wem es darum geht, ein erfolgreicher Priester zu sein, der muss vor einem Misserfolg bangen; wem es um die Bewunderung geht, die er ernten möchte, der muss sich vor einer Blamage fürchten.

„Haben Sie jemals eine Messe allein zur Ehre Gottes abgehalten", fragte ich meinen Patienten, der verblüfft die Stirn runzelte. „Allein zur Ehre Gottes", fuhr ich fort, „um Ihm zu dienen. Gleichgültig, als welches Menschenkind Sie vor Ihn hintreten ... als ein zitterndes, weinendes, versagendes, verspottetes ... gleichgültig, alles wird in die Opferschale mit hineingelegt – zu Seiner Ehre. Haben Sie dies schon einmal probiert?" Der Patient schwieg. „Das Serum gegen Ihre Beschwerden müssen Sie selbst produzieren", erläuterte ich ihm. „Es ist die Hingabe an Ihren Beruf. Sie sollen nicht *sich* beobachten, und was *Sie* perfekt oder weniger perfekt beherrschen. Sie sollen sich gänzlich vergessen und mit den Gedanken ausnahmslos bei den Inhalten Ihres Amtes verweilen. Dann werden Sie Ihr Amt ungezwungenerweise bestens ausfüllen!"

Der junge Priester versuchte es und gewann rasch an innerer Sicherheit, wobei ich ihn noch eine Wegstrecke begleitete. Schließlich rückte die endgültige „Bewährungsprobe" näher, und er lud mich zur Antrittsmesse in die neue Pfarrei ein. Ich mischte mich unter die Gäste. Am Höhepunkt der Messe hielt er die Opferschale besonders lange hoch, und ich ahnte, was dabei in ihm vorging: er brachte seine restlichen Ängste seinem Gott zum Opfer dar, der das Opfer anscheinend gnädig annahm, denn – wie ich hörte – sind keine körperlichen Beschwerden beim Messelesen mehr aufgetreten.

„Toll", meint der Pfarrer nach der Taufe. „Ihr Baby hat sich sehr tapfer gehalten!" – „Kein Wunder", sagt der Vater voller Stolz, „wir haben auch eine Woche lang mit der Gießkanne trainiert."

Nun, auch ich war stolz auf meinen Patienten! Immerhin haben wir einige Monate lang Selbstvergessenheit und Selbsttranszendenz trainiert ...

Die Legende vom Rotkehlchen

Im Kontrast zu diesem Fall gedenke ich eines anderen Seelsorgers, den ich auf einem Fachkongress in den USA getroffen habe, und dessen Selbstüberwindung ich stets bewundern werde. Sein Sohn Merrell ist im Alter von 21 Jahren von einem drogensüchtigen Autolenker überfahren und getötet worden. Der Seelsorger, Prediger einer religiösen Gemeinschaft, hielt vier Tage nach dem Unfall die erschütterndste Predigt seines Lebens. Er nahm die Einsegnung seines Sohnes vor und sprach am offenen Grab. Hier ein Auszug aus seiner Rede, die mir auf meine Bitte hin ausgehändigt und zum Abdruck freigegeben worden ist:

„Meine Freunde, hier stehe ich. Ich stehe hier, weil Merrell dies gewünscht hätte. Er hat oft Aufforderungen an mich gestellt, von denen er wusste, dass ich sie erfüllen konnte. Das hier ist seine schwerste Aufforderung an mich, die er je gestellt hat, und ich akzeptiere sie.

Obwohl klarerweise Eltern ihre Kinder beeinflussen, habe ich den Eindruck, dass die Umkehrung genauso gilt, was man noch näher erforschen sollte. Merrell jedenfalls hat mein Leben und meinen Lebensstil stark geprägt – zum Guten. Diesen seinen Einfluss möchte ich heute würdigen. Zum Beispiel stehe ich hier, weil ich mich an ein Ereignis erinnere, als Merrell noch sehr klein war. Damals war er ein munteres, geschwätziges Kerlchen, das jeden Sonntag auf seiner Mutter Schoß in der Kirche saß, wenn sein Vater predigte. Niemand wusste, ob er etwas von den Vorgängen ringsum aufschnappte. Doch eines Sonntagmorgens, als mich ein Kollege vertrat, bemerkte Merrell seines Vaters Abwesenheit, kroch auf die Kirchenbank und rief weithin vernehmlich: „Das ist nicht mein Vater!" Er erwartete seinen Vater, hier zu sein, er wollte keinen Ersatz. – Es wird auch heute keinen Ersatzmann geben.

Ich bin nicht hier, um mich selbst zu strafen oder um mich und die Meinen einer Feuerprobe zu unterziehen. Ich bin nicht hier, um mich von Merrells Tod abzulenken oder um Gott zur Rechenschaft zu ziehen. Ich bin hier, um Merrells Aufforderung nachzukommen ..."

Daraufhin zählte der Seelsorger verschiedene Episoden aus dem Leben seines verstorbenen Sohnes auf, die ihm wert dünkten, noch einmal beleuchtet und ausgesprochen zu werden. Er endete mit dem Gedanken, dass zwar der Tod Merrells seinem Verständnis nach sinnlos gewesen ist, nicht aber dessen Leben.

Überlegen wir, was das Beeindruckende am Handeln dieses Vaters gewesen ist. Seine rhetorische Gewandtheit? Sicher nicht, wenngleich seine schlichten Worte tiefes Mitgefühl erzeugten. Das Positive, das er über seinen Sohn aussagte? Gewiss auch nicht, denn wer trägt schon einem Toten Negatives nach, noch dazu als Elternteil? Nein, es war das Motiv, das den Vater instand setzte, sich an jenem Schmerzenstage vor die Trauergemeinde zu stellen und eine Ansprache zu halten. Das Motiv, das er deutlich zum Ausdruck gebracht hat mit den Worten: „Hier stehe ich ..." Warum? „... um Merrells Aufforderung nachzukommen". Seinem Sohn zuliebe stand er dort. Es kümmerte ihn nicht, wie er sich fühlte, ob er der Situation gewachsen sein würde, ob ihm die Worte im Halse stecken bleiben würden. Das alles nicht. Er sah in seiner Anwesenheit die Chance zu einem letzten Liebesdienst an seinem Kind – und ergriff sie. Völlig desinteressiert am eigenen Erfolg schwang er sich (als „Draufgabe") noch in seiner finstersten Stunde zum überaus erfolgreichen Prediger auf!

Das Rotkehlchen
(stark gekürzt)

Es war zu der Zeit, da unser Herr die Welt erschuf – gegen Abend kam es ihm in den Sinn, einen kleinen grauen Vogel zu erschaffen. „Merke dir, dass dein Name Rotkehlchen ist!", sagte unser Herr zu dem Vogel, als er fertig war – und ließ ihn fliegen. – Da flog der Vogel zu unserem Herrn zurück. „Warum soll ich Rotkehlchen heißen, wenn ich ganz grau bin?", fragte er. Der Herr lächelte nur still und sagte: „Ich habe dich Rotkehlchen genannt, aber du musst selbst zusehen, dass du dir deine roten Brustfedern verdienst."

Eine unendliche Menge von Jahren war seit diesem Tage verflossen. – Da brach ein neuer Tag an, der auch in der Geschichte der Erde lange nicht vergessen werden sollte. Am Morgen dieses Tages saß ein Rotkehlchen auf einem kleinen Hügel vor den Mauern Jerusalems. Es erzählte seinen Jungen vom Schöpfungstage und von der Namensgebung. „Seht nun", schloss es betrübt, „so viele Jahre sind seither verflossen, so viele Rosen haben geblüht, so viele junge Vögel sind aus ihren Eiern gekrochen, aber das Rotkehlchen ist immer noch ein kleiner grauer Vogel." –

Die Jungen rissen ihre Schnäbel weit auf und fragten, ob ihre Vorfahren nicht versucht hätten, irgendeine Großtat zu vollbringen, um die unschätzbare rote Farbe zu erringen. „Wir haben alle getan, was wir konnten", sagte der kleine Vogel, „aber es ist uns allen misslungen. – Wir hofften auf den Gesang. Schon das erste Rotkehlchen dachte, die Sangesglut werde seine Brustfedern rot färben. Aber es täuschte sich. – Wir hofften auf unsere Tapferkeit. Schon das erste Rotkehlchen kämpfte tapfer mit anderen Vögeln. Es dachte, seine Brustfedern werden sich rot färben vor Kampfeslust. Aber es scheiterte." – Der Vogel hielt mitten im Satz inne, denn aus einem Tore Jerusalems kam eine Menschenmenge gezogen. –

„Nein, es ist zu entsetzlich", rief er seinen Jungen zu. Ich will nicht, dass ihr diesen Anblick seht – da sind drei Missetäter, die gekreuzigt werden sollen." – Das Rotkehlchen konnte die Blicke nicht von den drei Unglücklichen wenden. „Wie grausam die Menschen sind!", sagte der Vogel nach einem Weilchen – „auf dem Kopf des einen haben sie eine Krone aus stechenden Dornen befestigt." – Er sah, wie das Blut auf die Stirn des Gekreuzigten tropfte, da vermochte er nicht mehr still in seinem Neste zu bleiben. – „Wenn ich auch nur klein und schwach bin, so muss ich doch etwas für diesen armen Gequälten tun können", dachte der Vogel, verließ sein Nest und flog hinaus in die Luft. – Allmählich fasste er Mut, flog ganz nahe hinzu und zog mit seinem Schnabel einen Dorn aus, der in die Stirn des Gekreuzigten gedrungen war. Während er dies tat, fiel ein Tropfen Blut auf seine Kehle, verbreitete sich dort rasch und färbte alle seine zarten Brustfedern ein. –

Wie der Vogel wieder in sein Nest kam, riefen ihm seine kleinen Jungen zu: „Deine Brust ist röter als Rosen!" „Es ist nur ein Blutstropfen von der Stirne des armen Mannes", sagte der Vogel. „Der verschwindet, sobald ich in einem Bach bade." Aber soviel der kleine Vogel auch badete, die rote Farbe verschwand nicht von seiner Kehle, und als seine Kleinen herangewachsen waren, leuchtete die blutrote Farbe auch an ihren Brustfedern, wie sie auf jedes Rotkehlchens Brust und Kehle leuchtet, bis auf den heutigen Tag.

Selma Lagerlöf

Vielleicht können moderne Männer an ihren hektischen Arbeitsplätzen von der Vorstellung profitieren, dass im Endergebnis echte Rücksichtnahme und echtes Miteinander über egozentrisches Strebertum triumphieren. Es ist nicht nur eine Rotkehlchenerfahrung, dass sich der Erfolg im Hause dessen einzustellen pflegt, der sein Wirken einer Aufgabe zu Füßen legt, die von außen an seine Türe pocht. Wer sein Haus lediglich innen auf Glanz bringen möchte, um den eigenen „Wohnkomfort" zu vervollkommnen, der übersieht, dass dabei Tore ins Schloss fallen, die ihn zum Gefangenen seiner selbst werden lassen.

Des Menschen Öffnung zur Welt

Wir sagten, die Hingabe an einen Menschen oder an eine Sache strahlt irgendwie ins eigene Herz zurück. Dabei dürfen wir allerdings nicht verschweigen, dass die Hingabe im zwischenmenschlichen Bereich auch verlangen kann, eine Beziehung zu lockern oder gar aufzugeben.

Ein klassisches Beispiel dafür lieferte uns Bertold Brecht in seinem Schauspiel „Der kaukasische Kreidekreis". Darin beschrieb er zwei Frauen, die um ein Kind streiten. Eine von ihnen ist die leibliche Mutter des Kindes, die zweifellos einen Anspruch auf ihr Kind hat. Die andere Frau ist die Magd, die das Kind unter härtesten Bedingungen aufgezogen hat und es liebt wie ein eigenes. Sie will das Kind behalten.

Der Standpunkt der leiblichen Mutter ist klar: ihr Recht droht beschnitten zu werden, ihr Selbstwertgefühl gerät aus dem Gleichgewicht, und um es wieder einzurenken, besteht sie auf der Durchsetzung ihres Rechtes. Das Begehren der Magd ist auch verständlich: sie hat eine enge Beziehung zum Kind entwickelt. Der konsultierte Richter zeichnet einen Kreidekreis auf den Boden, stellt das Kind in dessen Mitte und postiert die beiden Frauen rechts und links außerhalb des Kreises. Er argumentiert, dass die „wahre" Mutter in der Lage sein werde, das Kind aus dem Kreis zu sich heranzuziehen. Was geschieht? Die leibliche Mutter zieht aus Leibeskräften an dem ihrer Seite zugewandten Arm des Kindes. Auf der anderen Seite lässt die Magd den Arm des Kindes abrupt los. Ehe das Kind buchstäblich auseinander gerissen wird, verzichtet sie lieber darauf. Nach dieser Enthüllung „wahrer Mutterliebe" ist es keine Kunst mehr für den Richter, eine gute Entscheidung zu treffen.

Was liegt der Story zugrunde? Die leibliche Mutter öffnet sich nicht zur Welt, sie schmort sozusagen im eigenen Saft. Sie will ihr Trauma, den Verlust des Kindes, aufarbeiten. Sie will ihre Aggressionen gegen die Rivalin abreagieren. Sie will ihre Interessen verteidigen. Sie ist vollauf damit beschäftigt, ihr seelisches Gleichgewicht wieder herzustellen. Vor lauter Beschäftigung mit sich selbst und ihren Problemen bemerkt sie das Kind nicht mehr, obwohl sie darum kämpft. Genau genommen kämpft sie um ihr eigenes Wohlbefinden.

Anders die Magd. Auch sie hat ein Trauma erlitten, denn sie hat wegen des Kindes ihren Freund verloren. Auch sie verspürt Aggressionen gegen die leibliche Mutter, die einst ihr Kind gleichgültig hat liegen lassen und es plötzlich vehement zurückfordert. Das seelische Gleichgewicht der Magd ist mindestens so gefährdet, und ihre Interessen, die es zu verteidigen gilt, sind mindestens so stark wie die der Mutter. Trotzdem nimmt die Magd über sich hinaus ein Stück Welt wahr, eben das unschuldige Kind, dem ein Leid zugefügt werden könnte. In diesem Geöffnetsein springt sie „löwenhaft" über ihren eigenen Schatten.

Möge sie Generationen von Müttern zum Vorbild in Sachen „Loslassen" gereichen!

„Ich rauche nicht. Ich trinke keinen Alkohol. Ich rühre keine Spielkarten an, und ich renne auch nicht jedes Wochenende ins Fußballstadion. Außerdem verdiene ich sehr gut. Darum möchte ich Sie um die Hand Ihrer Tochter bitten." Der Vater des Mädchens überlegt nicht lange: „Das schlagen Sie sich gleich aus dem Kopf! Glauben Sie etwa, ich möchte einen Schwiegersohn haben, der mir ein Leben lang als gutes Beispiel vorgehalten wird?"

Es stimmt und soll stimmen: Die großen Vorbilder wecken allesamt ein (manchmal unbequemes!) Bewusstsein, zur Nachahmung herausgefordert zu sein.

Welche dramatischen Irrgänge des menschlichen Geistes eine fehlende Öffnung zur Welt bewirken kann, sei anhand eines Gegenbeispiels skizziert. Es gab einen Kinofilm mit dem Titel „Reporter des Teufels", worin eine echte Begebenheit nacherzählt wurde. Ein Bauarbeiter war verschüttet worden und sollte aus dem Erdloch, in dem er steckte, befreit werden. Laut Expertengutachten gab es zwei Wege, ihn herauszuholen: einen relativ raschen durch eine direkte Bohrung, und einen etwas länger dauernden durch die Errichtung eines Tunnels. Gemäß Abschätzung des im Erdloch vorhandenen Sauerstoffs und der Konstitution des Verschütteten herrschte die Meinung vor, er würde beide Arten von Rettungsmaßnahmen überstehen. Aber natürlich handelte es sich um Vermutungen, da die Kommunikation mit dem Verschütteten unterbrochen war.

Das Unglück lockte zahlreiche Neugierige an, darunter einen Reporter, der für seine exzellente Berichterstattung weithin bekannt war. Kaum hatte dieser von den beiden Rettungsmöglichkeiten erfahren, setzte er sich mit seiner ganzen Autorität für die länger andauernde Befreiungsaktion ein, weil er dadurch Zeit gewann, seinem Leserpublikum eine spannende Fortsetzungsreportage zu präsentieren und tagelang die Blätter der Zeitungen zu füllen. Da die vielen Fremden, die von überallher angereist kamen, um bei der Bergung zuzusehen, dem Ort zusätzliche Finanzen einbrachten, weil sie ja essen und übernachten mussten, willigte man in die langwierige Errichtung des Tunnels ein und machte sich an die Arbeit. Als man den Bauarbeiter am Ende erreichte, war er tot.

Was lässt sich zugunsten des Reporters vorbringen? Könnte er einen aus seiner Kindheit stammenden Minderwertigkeitskomplex gehabt haben, der zur Kompensierung beruflicher Höhenflüge bedurfte? Lag bei ihm ein Manko an sozialem Einfühlungsvermögen vor, das auf versäumte Lernprozesse während der Erziehung zurückzuführen war? Haben gesellschaftliche Einflüsse und der Druck einer sensationslüsternen Leserschaft sein egoistisches Verhalten unterstützt?

Aus logotherapeutischer Sicht waren solche „mildernden Umstände" gewiss vorhanden und dennoch sekundär. Nur für einen in sich selbst verschlossenen, auf sich selbst fixierten Menschen konnten sie ausschlaggebend sein. Für einen zur Welt offenen Menschen hätte im Brennpunkt aller geistig-seelischen Konzentration der Verschüttete gestanden bzw. der drängende Sinnanruf der Situation, diesem umgehend zu helfen. Sein Sinn-Organ Gewissen, die feinfühligste Antenne für Botschaften aus der Welt (und Überwelt), hätte sämtliche sonstigen Motive glattweg für „im Moment irrelevant" erklärt.

> „Du, Vati …" – „Stör mich nicht. Du sollst nur reden, wenn du gefragt wirst." – „Dann frag mich doch mal, ob Mami die Treppe runtergefallen ist."

Bei den weltoffenen Menschen darf das Gewissen immer reden. Bei Menschen, die sich von der Welt abkoppeln, darf es nur reden, wenn es gefragt wird. Und Letzteres ist leider selten der Fall.

Ein Hoffnungsschimmer in der Seele

Es gibt jedoch einen glühenden Hoffnungsschimmer. Wenn dem Gewissen zu reden erlaubt wird, und die Person beginnt wieder, ihrer innersten Stimme zu lauschen, geht die Öffnung zur Welt auf, selbst wenn sie jahrelang verschlossen gewesen ist. Dazu möchte ich zwei Kurzberichte aus meiner psychotherapeutischen Praxis vorlegen.

Bericht 1:
Ein junges Mädchen litt an einer Spinnenphobie. Es verfiel in Schreikrämpfe und Ohnmachtsanfälle, sobald es eine Spinne erblickte. In seiner Kindheit gab es eine Reihe von denkbaren Auslösevorkommnissen, denn das Mädchen hatte als Kind in einem verkommenen alten Landhaus gewohnt, wo häufig Spinnen herumgekrabbelt waren, nicht zuletzt auch in seinem Bett. Zudem waren seine Eltern strenge Bauersleute gewesen, die das Kind oft getadelt hatten. Jedenfalls war die Familie später in ein sauberes Haus umgezogen, und die Strafen hatten allmählich aufgehört, aber die Angst vor Spinnen war dem Mädchen geblieben und hatte sich dermaßen ausgeweitet, dass sogar das Foto einer Spinne in einem illustrierten Buch leichte Angstattacken beim ihm erzeugte.

Nun geschah es, dass ich das Mädchen während unseres Erstgesprächs fragte, ob es jemals ein Erlebnis mit Spinnen gehabt habe, welches dennoch gut verlaufen sei, und überraschenderweise bejahte es meine Frage. Ein einziges Mal in seinem Leben sei es ihm gelungen, eine winzige Spinne am Fensterbrett mit Hilfe eines Taschentuches aufzunehmen und hinauszuwerfen, ohne dabei in Panik auszubrechen, aus dem Zimmer zu stürmen oder nach Hilfe zu schreien. Es interessierte mich ungemein, zu erfahren, wieso jemand, der sich schon als Kind vor Spinnen gegraust hat und sie um keinen Preis hat anfassen wollen, plötzlich hingeht und eine Spinne sang- und klanglos zum Fenster hinausbefördert. Was hat sich damals in der Seele des Kindes abgespielt?

Als ich die Auflösung des Rätsels hörte, wunderte ich mich nicht mehr. An jenem besonderen Tage hatte sich das Mädchen einen Spalt breit zur Welt geöffnet. Eine liebe Freundin war zu Besuch gewesen. Dieser Freundin, die gerade aus dem Krankenhaus entlassen worden war, ging es körperlich schlecht; sie hatte Wundschmerzen. Deswegen hatte sie sich im Zimmer des Mädchens hingelegt und war eingeschlummert. Das Mädchen hatte sich vom Bett erhoben und war auf Zehenspitzen zum Fenster geschlendert, wo es die Spinne entdeckte. Es stand somit vor der Wahl, brüllend aus dem Zimmer zu flüchten, was ihre kranke Freundin aufgeweckt hätte, oder die Spinne stillschweigend zu entfernen. Siehe da, es entschied sich für das Zweite. Die Rücksichtnahme auf die Freundin war stärker als die Macht der Angst. Bravo! Da hatte ich einen hervorragenden Ansatzpunkt für meine therapeutischen Interventionen, die nichts anderes anpeilen mussten, als eine neuerliche und bleibende Öffnung jenes „Seelenfensters" zur Welt.

Bericht 2:
Ein älterer Herr litt an einer Essgier oder Naschsucht, je nachdem, wie man es eben bezeichnen will. Da es sich um einen gehbehinderten Mann handelte, der auf den Rollstuhl angewiesen war und sich naturgemäß wenig bewegte, wirkten sich sein Heißhunger und das daraus resultierende Übergewicht entsprechend tragisch auf seine Gesundheit aus: Ständig litt er an Darmträgheit, Bauchkrämpfen u. dgl., was mit den stärksten Abführmitteln nicht recht zu beheben war. Mehrere Psychotherapieversuche, im Zuge derer ihm erläutert worden war, dass sein hoher Lebensmittelkonsum als Ersatzbefriedigung für die Einschränkungen zu verstehen sei, die er als Behinderter erdulden müsse, hatten nichts gefruchtet. Er glaubte zwar an die Deutung, aß aber munter weiter.

Ehrlich gestanden sah auch ich wenig Chancen, seine Sucht einzudämmen, weshalb ich mein Augenmerk auf etwas anderes richtete. Wenn der Mann schon die schwere Bürde seiner Gehbehinderung zu tragen hatte und noch dazu die unangenehmen Verdauungsprobleme, die keineswegs schnell zu beheben sein würden, dann sollte es wenigstens einen Teilbereich in seinem Leben geben, der trotz allem sinnreich und lohnenswert war; wert genug einer bedenken- und bedingungslosen Existenzbejahung.

Ich fahndete daher nach Begabungen, Fähigkeiten und Kompetenzen dieses Mannes, die vielleicht brachlagen und einer Neuerweckung zugeführt werden konnten, um Inhalt, Freude und Sinnerfüllung in sein eher farbloses, eintöniges

Dasein zu bringen. Bei einer diesbezüglichen „Existenzanalyse" (Frankl) kam zutage, dass der Mann während und nach dem 2. Weltkrieg mehrere Jahre in einem russischen Gefangenenlager zugebracht hatte und ein so genannter Spätheimkehrer war. Kraft seiner bitteren Lagererfahrungen nahm er großen Anteil am Schicksal unschuldig Gefangener auf der ganzen Welt. Er konnte sich in höchstem Maße über Nachrichten von Folterungen und inhumanen Gefängnissen aufregen und betonte wiederholt, wie gerne er sich für solcherart arme, gequälte Menschen einsetzen würde. Das habe er auch seinerzeit im Lager aktiv getan, indem er für erträgliche Umstände der Soldaten auf die Barrikaden gestiegen sei.

Ich weiß nicht, wer von uns beiden zuerst die Gedankenverbindung zur Organisation „Amnesty International" herstellte, aber es war wohl unvermeidlich, dass uns das angerissene Thema auf diese Spur lenkte. Wie ein Blitz aus heiterem Himmel traf den Mann die Erkenntnis, dass sich auch vom Rollstuhl aus einiges für diese Organisation tun ließ. Er telefonierte, er nahm Kontakte auf, er errichtete in den darauf folgenden Wochen ein Zweigbüro der lokalen Niederlassung in seiner Wohnung, er übte sich in Computergrafik ein, um Statistiken erstellen zu können, er textete Rundschreiben an Mitglieder der Organisation, er besuchte einen Auffrischungskurs in Englisch, um internationale Berichte übersetzen zu können, kurz, er avancierte zu einem mächtigen freiwilligen Helfer von „Amnesty International", bei dem alsbald wichtige Fäden zusammenliefen. Ich lud den Mann zu weiteren therapeutischen Gesprächen ein, aber er hatte keine Zeit dafür. Ich schrieb ihm ein paar Zeilen, doch er antwortete nicht. Irgendwie hatte ich ein gutes Gefühl dabei; das neue Ehrenamt mochte für ihn heilsamer sein als jede Psychotherapie. Dennoch war ich verblüfft, als er nach ca. einem dreiviertel Jahr unangemeldet und mit einem riesigen Blumenstrauß auf den Knien vor meiner Praxis erschien. Er sei in meiner Gegend gewesen und wolle mir schildern, welch interessante Tätigkeiten er übernommen habe … Ich starrte ihn an und konnte mich kaum auf seine

Dass solches möglich ist, ist geradezu ein Hoffnungsschimmer für unsere Menschheit.

Vom Sinn „berechtigter" Ängste

Einer der größten „Vom-Sinn-weg-Verführer" ist die Angst. Gemeint ist nicht die vernünftige Angst im Dienst unseres Überlebens. Ohne vernünftige Angst würden wir in einer Haifischbucht schwimmen gehen, bei rotem Ampellicht gemächlich über eine Kreuzung schlendern, mit Sandalen ins Hochgebirge stapfen, unbekannte Früchte und Beeren in den Mund stecken oder uns völlig unvorbereitet den schwersten Examina unterziehen. Die jeweiligen Folgen sind leicht auszumalen. Nur die Angst schützt uns vor derartigen Unvorsichtigkeiten. Im Tierreich übt die Angst eine analoge Funktion aus. Man stelle sich bloß vor, die Singvögel des Waldes würden sich den Spaziergängern zutraulich auf die Schultern setzen. Sie würden gerupft, gekocht, gebraten, in Käfige gesperrt oder Kleinkindern als Spielzeug in die Hände gedrückt!

Der Sinn der Angst besteht also in der Abwendung einer (kleineren oder größeren) Katastrophe. Sie gleicht in bedrohlicher Situation einer Feuersirene, die dazu auffordert, sich schleunigst in Sicherheit zu bringen. Leider gibt es aber auch die Umkehrung, nämlich dass eine (nicht vernünftige) Angst eine Katastrophe herbeiführt. Das ist immer dann der Fall, wenn die Angst ausufert und sich verselbständigt. Dann heult sozusagen die Feuersirene alle paar Minuten auf, ohne dass es überhaupt brennt, und macht die Bewohner des Hauses konfus.

Wollten wir das Gleichnis noch weiter strapazieren, könnten wir den Fall konstruieren, dass eine Feuersirene irrtümlich schon wegen ein bisschen harmlosem Zigarettenrauch lostönt und im Endeffekt bewirkt, dass jemand, der gerade beim Bügeln ist, Hals über Kopf und ohne das Bügeleisen auszuschalten die Wohnung verlässt, woraufhin seine Bügelwäsche Feuer fängt und das Haus tatsächlich in Brand setzt. Im Psychischen geschieht genau dies bei den Angstneurosen und Panikstörungen. Sie haben ihren Ursprung in einer übertriebenen, irrationalen Angst, münden aber nicht selten in ein höchst realistisches Ungemach ein, welches die ursprüngliche Angst zu rechtfertigen scheint; obwohl zu Unrecht. Wenn sich etwa ein Schwimmer in sicherer Meeresbucht vor lauter Angst, es könnte ihn doch ein Haifisch erwischen, in Panik hineinsteigert, verkrampft und am Wasser verschluckt, dann war seine Angst nicht gerechtfertigt, selbst wenn er dabei fast ertrinkt. Oder wenn ein Fußgänger, der eine Straßenkreuzung korrekt überquert, aus Angst, er könnte von einem Auto erfasst werden, vor- und zurückspringt und dadurch wirklich angefahren wird, dann war seine Angst ebenfalls nicht gerechtfertigt, wenngleich sich das Gefürchtete bewahrheitet hat. Gerechtfertigte Angst ist eine, die vor einem Unglück warnt, nicht eine, die in ein Unglück hineintreibt.

Gerechtfertigte und ungerechtfertigte Angstformen voneinander sauber zu trennen ist deshalb wichtig, weil man mit beiden höchst unterschiedlich umgehen muss. Soll man auf die eine Angst hören, soll man der anderen gerade kein Gehör schenken, und soll man die eine ernst nehmen, soll man die andere ins Lächerliche ziehen, um ihr jeglichen Ernst zu nehmen? Ja, ist die eine über ihre emotionale Qualität hinaus ein prognostisch-prophylaktischer Akt der Überlebenskunst, so ist die andere über ihre krankheitserzeugende Kraft hinaus eine wahre Herausforderung an den menschlichen Geist.

> Manche Leute haben nichts weiter von ihrem Vermögen als die Furcht, es zu verlieren.
>
> *Antoine de Rivarol*

Bleiben wir zunächst beim Unterscheidungskriterium, wann ein Angstempfinden schützend, und wann es gefährdend ist. Dort, wo etwas Sinnvolles aus der Angst entspringen kann, sei es eine Warnung, sei es eine Lehre, sei es ein Impuls zur Veränderung des Lebensstils oder simpel die Ermahnung zur Vorsicht, dort geht es nicht um eine kühne Überwindung der Angst, sondern um das aufmerksame Verstehen ihrer Bedeutung als Verhaltenskorrektiv. Dort aber, wo nichts Sinnvolles aus der Angst erwächst, wo lediglich ein erschwertes Leben, eine Beeinträchtigung der Bewegungs- und Entscheidungsfreiheit, eine Belastung der zwischenmenschlichen Beziehungen oder gar ein seelischer Störungsprozess angekurbelt wird, dort ist der innere Sieg über die Angst angesagt, ein geistiger Triumph über eine Gefühlsirritation, von der man sich nicht alles bieten lassen darf.

Widmen wir der *berechtigten Angst* noch einige Gedanken. Wer Angst hat, sich beim Fensterputzen weit aus dem Fenster zu lehnen, tut gut daran, seiner inneren Stimme zu gehorchen. Wer Angst hat, bei einer Prüfung durchzufallen, tut gut daran, sich hinter seine Bücher zu klemmen. So weit herrscht Klarheit. Wie aber ist es, wenn es sich um eine realistische Angst vor etwas handelt, das nicht in der eigenen Macht liegt? Man hat Angst vor einer Operation – sicherlich berechtigterweise, denn jede Operation ist riskant. Trotzdem kann man ihr nicht ausweichen, wenn sie nötig ist. Oder man hat Angst um einen Angehörigen, der den falschen Weg wählt – wiederum berechtigterweise. Und doch kann man den Betreffenden gewöhnlich nicht aufhalten. Die typisch menschliche Vorausschau von denkbaren Ereignissen in der Zukunft bringt es mit sich, dass manch Negatives befürchtet wird, das de facto schicksalhaft eintreten kann.

Hier stellt sich die Frage der Sinnhaftigkeit in einem anderen Lichte dar, und dennoch besitzt die Angst, richtig verstanden, selbst in diesem Fall noch ihre Schutzfunktion. Sie schützt (wenigstens) vor der Überrumpelung durch das Schicksal, d. h. vor dem plötzlichen Schock über ein dramatisches Ereignis. In der dem Ereignis vorhergehenden Angst hat man sich quasi schon damit auseinandergesetzt, hat die Konsequenzen erwogen und gewissermaßen in die eigene Existenz integriert. Man hat sich wie traumwandlerisch ein winziges Stück abgefunden mit etwas, das noch gar nicht passiert ist. Wenn es dann geschieht, ist es einem geistig irgendwie vertraut, obwohl man sich gefühlsmäßig natürlich dagegen sträubt.

Zusammenfassend lässt sich behaupten, dass die vernünftige, gesunde und berechtigte Angst stets schützt, ob man etwas gegen das Gefürchtete unternehmen kann oder nicht. Kann man es, ist es das Naheliegende, dies zu tun. Kann man es nicht, darf man sich immerhin innerlich auf etwas Schweres in der Zukunft vorbereiten. Tritt der Angstinhalt dann ein, ist man gewappnet, tritt er nicht ein, wird man die Freude und Erleichterung darüber doppelt genießen. Wo realistische Angst kein Verhaltenskorrektiv mehr sein kann, ist sie zumindest ein Einstellungskorrektiv, und auch dies hat seinen tieferen Sinn im menschlichen Leben. Haben wir daher keine Angst vor der Angst! Sie meint es – so seltsam das klingt – von Natur aus gut mit uns.

… In diesen drei Tagen, in deren Verlauf die Zeit für ihn aufgehört hatte, warf er sich in jenem schwarzen Sack herum, in den ihn eine unsichtbare, unüberwindliche Kraft hineinstieß. Er schlug um sich, wie ein zum Tode Verurteilter in den Händen des Scharfrichters sich wehrt, und doch wusste er, dass er nicht zu retten sei. In jedem Augenblick fühlte er, dass er trotz aller Kraftanstrengungen dem immer näher und näher komme, was ihn mit Entsetzen erfüllte …

Da spürte er, dass jemand seine Hand küsste. Er öffnete die Augen und sah seinen Sohn. Der tat ihm Leid. Seine Frau kam zu ihm. Er sah sie an; sie blickte ihn mit verzweifelter Miene an. Ihr Mund stand offen, Tränen rannen ihr auf die Nase und die Backen. Sie tat ihm Leid.

„Ja, ich quäle sie", dachte er. „Ich tue ihnen leid, aber ihnen wird besser sein, wenn ich gestorben bin."

Er wollte ihnen das sagen, aber es ging über seine Kräfte. „Warum auch sprechen, tun muss man es", dachte er. Er sah die Frau an mit einem Blick auf seinen Sohn und sagte: „Führe ihn hinaus – es tut mir leid – auch du." Er wollte noch sagen: „Verzeih mir!", und versprach sich und hatte nicht mehr die Kraft, sich zu verbessern, und er winkte nur mit der Hand ab, denn er wusste, dass der, auf den es ankam, ihn verstehen werde.

Und plötzlich war ihm klar, dass das, was ihn quälte und nicht aus ihm heraus wollte, auf einmal herausging von zwei Seiten, von zehn Seiten, von allen Seiten. Sie taten ihm Leid, er musste etwas tun, dass sie nicht mehr zu leiden brauchten; er musste sie retten und sich selber von den Leiden retten. „Wie gut und wie einfach!", dachte er. „Und der Schmerz?", fragte er sich. „Wo soll der hin? Ja, wo ist denn der Schmerz?" Und er horchte auf. „Ja, da ist er. Nun, meinetwegen."

„Und der Tod? Wo ist der Tod?" Und er suchte seine frühere Todesangst und fand sie nicht. „Wo ist sie? Wo ist der Tod?" Die Angst war nicht mehr da, weil auch der Tod nicht mehr da war. An Stelle des Todes war ein Licht da.

„Das ist es also!", sagte er laut. „Welche Freude!"

Für ihn vollzog sich das alles in einem Augenblick. Und die Bedeutung dieses Augenblicks wechselte nicht mehr. Für die, welche an seinem Bett standen, dauerte der Todeskampf zwei Stunden. In seiner Brust brodelte es, sein ausgezehrter Körper bebte. Dann wurde das Brodeln und Röcheln immer seltener.

„Es ist zu Ende", sagt jemand über ihm.

Er hörte diese Worte und wiederholte sie in seiner Seele. „Der Tod ist zu Ende", sagte er sich, „er ist nicht mehr."

Er schöpfte Luft, blieb mitten im Atemzug stecken, streckte sich aus und starb.

Leo N. Tolstoi

In obiger Schilderung des Sterbens des 45-jährigen russischen Justizbeamten Iwan Iljitsch im Jahr 1882 zeigte Leo Tolstoj auf, dass sogar die (durchaus berechtigte) Todesangst des Menschen Wegbereiter zu etwas höchst Sinnvollem sein kann. Dass sie sich beim Romanhelden in dem Moment verflüchtigte, als „ihr Sinn erfüllt war", nämlich, als er aus Liebe zu Frau und Sohn endlich ins Gefürchtete einwilligte, und dass dieses Gefürchtete schließlich weitaus „heller und erfreulicher" war als er jemals gedacht hätte, möge unvergessen ins nächste Kapitel hinübergetragen werden.

Vom Verjagen „unberechtigter" Ängste

Beschäftigen wir uns jetzt mit der Besorgnis erregenden Thematik der irrationalen, übertriebenen und der Sachlage unangemessenen Ängste. Drei „E" sind ihre Kennmarken: Erwartung, Erpressung, Erniedrigung.

Wie besprochen kann jede innere Vorwegnahme künftiger Ereignisse von Befürchtungen begleitet werden. Eine Steigerung davon ist allerdings die direkte Erwartung von negativen Vorkommnissen, eine Erwartung, die kaum mehr Spielraum für einen positiven Ausgang zulässt. Während die bloße Befürchtung eher Energien freisetzt zur Verhinderung einer Gefahr (und notfalls zur Aussöhnung mit Unabänderlichem, vgl. die Tolstoj-Geschichte), blockiert die Erwartung solche Energien, weil scheinbar sowieso alles vergebens bzw. längst verloren ist. Wer z. B. sicher ist, bei einem sportlichen Wettkampf zu versagen, strengt sich nicht an, sein Bestes zu geben. Wer überzeugt ist, bei einem Vorstellungsgespräch keine Chance zu haben, geht gar nicht erst hin. Die „Erwartungsangst" (ein Franklscher Ausdruck) blockiert, und als seelischer Block behindert sie die freie Entfaltung der Persönlichkeit eines Menschen, die, je weniger sie sich entfalten kann, umso Negativeres von sich und der Mitwelt erwartet, was der Blockierung zusätzliche Schärfe verleiht.

Es gibt Krankheiten, die nur durch die *Erwartung* eines Krankheitssymptoms entstehen, weil die fixe Erwartung das Symptom prompt herbeiruft. Dazu zählt etwa die „Erwartungsdepression", die einfach auf die feste Überzeugung einer Person zurückgeht, sie müsse unter den vorliegenden Umständen depressiv reagieren. Eine Reihe negativer Prophezeiungen erfüllen sich – nicht, weil sie realistisch gewesen wären, sondern ausschließlich deshalb, weil sie *für realistisch gehalten* worden sind, und zwar von jemandem, der sich auf Grund seiner Negativprophezeiungen in einer Weise verhält, dass sie an Realität gewinnen. Das reicht so weit, dass ein Patient, dem gesagt wird, er leide an Nierenbeckenentzündung, Schmerzen in der Nierengegend verspüren kann, auch wenn sich später herausstellt, dass sein Befund mit dem eines anderen Patienten verwechselt worden ist, und er selbst kerngesund ist.

Der israelische Arzt Paul Schuger berichtete einst von einer „Seuche" im Westjordanland, bezüglich der kurzzeitig gar die Weltgesundheitsorganisation in Genf eingeschaltet worden war. Begonnen hatte es mit der Ohnmacht zweier Mädchen in einer Schule. Daraufhin breitete sich das unheilvolle Gerücht aus, das Trinkwasser der Gegend sei vergiftet. Binnen weniger Tage mussten 946 Mädchen aus dieser Schule wegen Übelkeit und Leibschmerzen in Krankenhäuser eingeliefert werden, wo die Blut- und Urintests ohne auffälligen Befund blieben. Die Erwartung der Krankheit hatte genügt, die entsprechenden Beschwerden zu erzeugen, obwohl das Trinkwasser tadellos war.

Nun ist niemand gegen Fehldiagnosen und Massensuggestionen gefeit, aber man kann sich gegen selbstfabrizierte Erwartungsängste wehren, wann immer sie sich aufbauschen möchten. Wie man das erfolgreich macht, mögen zwei Leserzuschriften demonstrieren, die in der Absicht geschrieben worden sind, die bereits erwähnte logotherapeutische Methode der „paradoxen Intention" in ihrer Heilkraft zu bestätigen.

Leserbriefausschnitt I

Es war ein Familienfest. Ich stieg mit einem großen Tablett die steile Treppe von der Küche hinab, das Tablett war vollbeladen mit Gläsern. Da kam mir plötzlich der Gedanke: „Und wenn du jetzt fällst?" Stocken auf der 2. Stufe. Dann: „Na, dann fall mal schön! Scherben bringen Glück!" Innerlich hörte ich den Sturz, das Krachen, sah die Bescherung – das kam mir ziemlich komisch vor; ein kleiner Ruck ging durch mich, und lächelnd, sicher und beschwingt stieg ich die steile Treppe hinab ...

Leserbriefausschnitt II

Die Begebenheit trug sich während meines Praktikums an einer Kinderkrankenschwesternschule zu. Ich erlebte damals den Ablauf der gefürchteten Abschlussprüfungen mit. Kurz bevor sich die Prüfungskommission einfand, schlenderte ich zu den wartenden Schülerinnen und sah, dass eine der Kandidatinnen am ganzen Körper zitterte und dem Weinen nahe war. Da überlegte ich nicht lange, stellte mich ihr gegenüber, fasste sie an den Händen und hüpfte mit ihr auf und ab. Dabei ermunterte ich sie: „Jetzt zittern wir uns richtig aus und danach brauchen Sie nicht mehr zu zittern! Sie haben gut gelernt, und alles wird prima klappen!"

Zu meinem Erstaunen merkte ich, dass sich die Spannung der Schülerin schlagartig löste, und als sie später in den Prüfungsraum ging, wirkte sie ruhig und wusste auf die ihr gestellten Fragen Bescheid. Ich erinnere mich noch, dass sie die Gesamtnote „sehr gut" bekommen hat.

Was ist die Quintessenz der beiden Berichte? Wir erfahren von zwei übertriebenen Ängsten: der Angst, mit einem Tablett über eine Treppe zu stürzen, und der Angst, eine Abschlussprüfung zu verpatzen. Beides ist im Prinzip möglich, aber in den genannten Fällen unwahrscheinlich. Denn mit einer heiklen Last steigt man normalerweise extra behutsam die Treppe hinab; und wenn man fleißig gelernt hat wie eine Einserschülerin, fällt man auch nicht durch die Prüfung. Taxieren wir deshalb beide Ängste als „unberechtigt". Gleichzeitig mit dieser Einstufung beurteilen wir sie als „psychisch kritisch", insbesondere dann, wenn sie sich zu negativen Erwartungshaltungen verfestigen würden. Die Erwartung, zu stürzen, könnte die Beine so wackelig werden lassen, dass tatsächlich danebengetreten wird, und ähnlich könnte die Erwartung, allen Lernstoff aufregungsbedingt vergessen zu haben, das Gedächtnis glatt „leerfegen".

Welches Patentrezept wird nun in beiden Berichten empfohlen? In erster Linie: nicht auszuweichen! Der Sturz wird gedanklich sogar provoziert, und überdies wird um die Wette gezittert. Zusätzlich wird innerlich tapfer und locker über sich selbst geschmunzelt. Umgehend reduziert sich die Angst auf jenes angemessene Niveau, auf dem sie schützt, indem sie zum Aufpassen auffordert, aber nicht aus dem Gleichgewicht wirft. Die in beiden Geschichten geschickt angewandte „paradoxe Intention" bringt die verschobenen Proportionen wieder ins Lot.

Der Mensch ist von Haus aus ein paradoxes Geschöpf, was ich treffend formuliert gefunden habe in folgendem Gedicht:

„ihr habt mir ein haus gebaut"

ihr habt mir ein haus gebaut
lasst mich ein andres anfangen.

ihr habt mir sessel aufgestellt
setzt puppen in eure sessel.

ihr habt mir geld aufgespart
lieber stehle ich.

ihr habt mir einen weg gebahnt
ich schlage mich
durchs gestrüpp seitlich des wegs.

sagtet ihr man soll allein gehn
würd ich gehn
mit euch.

Wolfgang Hilbig

Wenn ich auch den Verdacht hege, dass Wolfgang Hilbig mit einem Auge auf pubertierende Jugendliche schielte, als er diese Zeilen verfasste, enthält sein Gedicht doch Grundsätzliches. Der Mensch vergnügt sich am Widerspruch, und das ist auch ein therapeutisches Plus. Befindet sich jemand im Stadium einer (pathologischen) Angst, ersinnt er zu seiner Beruhigung sämtliche Argumente, die dafür sprechen, dass er eigentlich keine Angst zu haben brauchte – und fürchtet sich trotzdem! Dreht er hingegen den Spieß um und wünscht sich mutig, das Gefürchtete solle auf der Stelle geschehen, steigen alle Details dazu in ihm auf – und trotzdem findet er es schier lächerlich! Der Gedanke: „Na, dann fall mal schön!", weckte sofort den Widerspruchsgeist der Frau mit dem Tablett, die ihre eigene Vorstellung von der „schönen Bescherung" und den „glücksversprechenden Scherben" plötzlich urkomisch fand und sich lächelnd über ihre übertriebenen Ängste hinwegzusetzen vermochte. Dieselbe Wirkung hatte der Satz: „Jetzt zittern wir uns richtig aus!" auf die ängstliche Schülerin gehabt, die in dem Moment, als sie zittern sollte, ruhig wurde.

Dem Erpresser ins Gesicht lachen

Das Kostbare an der Methode der „paradoxen Intention", die auch bei zähen, langjährigen Angst- und Zwangsneurosen noch Hilfe zu leisten vermag, ist die Unerheblichkeit der Angstursachen. Heute wissen wir, dass die diversen körperlichen und seelischen, anlage-, erziehungs- und gesellschaftsbedingten Ursachen menschlicher Gefühls- und Erlebniswelt wie ein unentwirrbarer Knäuel in einem netzartigen Gewebe von Wirkung und Gegenwirkung miteinander verflochten sind, das weitaus komplexer ist als die alten linearen Kausalitätstheorien vom Werden des Menschen gemeint haben. Winzige genetische Veränderungen greifen kolossal in die Psyche von Mensch und Tier ein, winzige Hormonausschüttungen im Zentralnervensystem bestimmen über „himmelhohes Jauchzen" und „Todesbetrübnis". Deshalb kann eine irrationale Angst niemals bis in ihre letzten Wurzeln zurückverfolgt werden. Doch da der Mensch über seine vielfältigen Determinierungen hinaus ein geistiges Wesen ist, kann es ihm gelingen, dem Sprießen seiner irrationalen Ängste Einhalt zu gebieten und sie mittels befreiendem Lachen zum Welken zu bringen. Ja, im Hinblick auf Neurosen ist eine Prise Humor wahrlich das beste Trostpflaster auf Wehwehchen aller Art, auf Ängstlichkeit, Überbesorgtheit und die Neigung, zu dramatisieren.

Bevor ich dies an einem eindrucksvollen Fallbeispiel exemplifiziere, sei noch ein kurzer Kommentar zum zweiten „E" eingeschoben, das sich unberechtigten Ängsten an die Fersen heftet, nämlich die *Erpressung*. Menschen lassen sich durch Ängste zu Handlungen hinreißen, die sie in ihrem Innersten nicht billigen. Fürchtet sich etwa jemand übermäßig vor der Ansteckung durch Bakterien, ist er notgedrungen den ganzen Tag am Waschen. Vielleicht wäscht er seine Hände so oft, dass sie rot, rissig und ausgelaugt werden. Oder er trägt seine Kleidungsstücke so häufig in die Reinigung, dass er ein Vermögen dabei verliert. Er meidet Orte, an denen er sich aufhalten möchte, aber fürchtet, angesteckt zu werden. Er kapselt sich in seinen vier supersauberen Wänden ab und führt ein elendes Dasein. Das Tragische ist, dass er sich über sich selbst ärgert: Er will das alles nicht, er sieht ein, wie unsinnig sein Tun ist, und dennoch zappelt er hilflos in den Klauen des Erpressers „Angst". Wie jeder Erpresser, so bekommt auch die irrationale Angst nie genug: je mehr ihr ein Mensch nachgibt, desto gieriger wird sie und desto widersinnigeres Vermeidungsverhalten zwingt sie ihm ab.

Ein solcher Angstkranker, der sich verzweifelt bemüht, jegliches Risiko auszuschalten, muss immer größere Risiken eingehen, bis er sein gesamtes Leben riskiert. Die Angst schwächt sein Immunsystem, wodurch er umso infektionsanfälliger wird, je mehr er sich vor Infektionen fürchtet. Die vom Waschen durchschrubbte Haut, die pausenlos chemisch bearbeiteten Kleidungsstücke, das jämmerliche Herumhocken in der Einsamkeit eines um Dimensionen reduzierten Lebenswandels vertreiben Gesundheit und Lebensfreude aus seinen sämtlichen Poren.

> Ein Mensch denkt jäh erschüttert dran,
> was alles ihm geschehen kann
> an Krankheits- oder Unglücksfällen,
> um ihm das Leben zu vergällen.
> Hirn, Auge, Ohr, Zahn, Nase, Hals;
> Herz, Magen, Leber ebenfalls,
> Darm, Niere, Blase, Blutkreislauf
> zählt er bei sich mit Schaudern auf,
> bezieht auch Lunge, Arm und Bein
> nebst allen Möglichkeiten ein.
>
> Jedoch, sogar den Fall gesetzt,
> er bliebe heil und unverletzt,
> ja, bis ins Kleinste kerngesund,
> wär' doch zum Frohsinn noch kein Grund.
> Da an den Tod doch stündlich mahnen

Kraftfahrer, Straßen-, Eisenbahnen;
selbst Radler, die geräuschlos schleichen,
sie können tückisch dich erreichen.

Ein Unglücksfall, ein Mord, ein Sturz,
ein Blitz, ein Sturm, ein Weltkrieg – kurz,
was Erde, Wasser, Luft und Feuer
in sich birgt, ist nie geheuer.
Der Mensch, der so des Schicksals Macht
ganz haargenau bei sich durchdacht,
lebt lange noch in Furcht und Wahn
und stirbt – und niemand weiß, woran.

Eugen Roth

Angesichts derlei Schwarzseherei gibt es wirklich nur einen Ausweg, den man sogar ohne fremde Hilfe einschlagen kann, und das ist der einer humorvoll-paradoxen Gedankenspielerei, wie sie Frankl empfohlen hat. Z. B.: „Herbei mit euch Scharen von Bakterien! Ihr seid meine Gäste und herzlich eingeladen, auf mir Platz zu nehmen. Ganze Kolonien dürft ihr auf meinen Armen und Beinen errichten, ich bin da nicht kleinlich! Hoffentlich fühlt ihr euch auch recht wohl auf mir ..." Bei solchen und ähnlich ungewohnten Tönen schrumpft die Angst in sich zusammen wie ein angestochener Luftballon. Kein Erpresser hört es gerne, wenn man sein Erpressungsmittel mag und lobt statt fürchtet – womit soll er dann noch drohen? Seine Drohung verpufft ins Leere.

Tatsächlich wirkt die Drohung auch im angstneurotischen Krankheitsprozess nicht mehr, sobald der „Mut zur Lächerlichkeit" aufgebracht wird. Das krankhafte Händewaschen oder Zur-Reinigung-Tragen hört auf, weil man „schließlich nicht die lieben Bakterien verscheuchen will, mit denen man sich gerade angefreundet hat". Man geht wieder aus der Wohnung, „schließlich muss man ja Nachschub holen, damit die Bakterien-Kolonien keinen Nachwuchsmangel bekommen".

Und man erlebt vor allem, dass nichts Schlimmes passiert. Das steigert den Mut, sich seinen irrationalen Ängsten zu stellen, sie nicht ernst zu nehmen und ihren Zwängen nicht mehr zu gehorchen. Einer meiner Patienten, der sein halbes Leben lang unter der beschriebenen Ansteckungsphobie und dementsprechend unter einem scheußlichen Waschzwang gelitten hatte, sagte bei einem Nachsorgegespräch stolz zu mir: „Von mir aus dürfen die Bakterien und Viren meinen ganzen Körper von oben bis unten besetzen – zu meiner Seele haben sie keinen Zutritt mehr! Dort herrscht Friede, und den lasse ich mir von den lächerlichen Angstgedanken nicht mehr rauben!" Ich gratulierte ihm. Ein kühnes Wort!

Der ängstliche Diener
(gekürzt)

Ein König begab sich einst auf eine Reise, die ihn zu einer weit entfernten Inselgruppe führen sollte. Zu seinem engsten Begleiter hatte er einen besonders treuen Diener ausgewählt. In der Hafenstadt angekommen, bestieg der König mit seinem Gefolge eines der prächtigen Schiffe, die dort vor Anker lagen, um zur Inselgruppe zu gelangen. Kurz darauf legte das Schiff ab, um viele Tage über das offene Meer zu segeln.

Doch kaum war das Land am Horizont verschwunden, begann der treue Diener des Königs nervös zu werden, wurde unruhig, mürrisch und blickte ständig über das Meer. So ging das einige Tage, während denen der Diener immer unruhiger wurde, bis er schließlich am ganzen Leibe zitterte. Am fünften Tag auf See fing er zur Mittagsstunde furchtbar an zu schluchzen und zu heulen und war durch keine Worte zu beruhigen. – Endlich brachte er mit zitternder, angsterfüllter Stimme hervor: „Oh mein Herr, verzeiht mir, aber mir graut es vor dem Meer! Das viele Wasser rund um uns und kein Land in Sicht! Wir werden sicherlich mit dem Schiff untergehen und auf die schrecklichste Weise ums Leben kommen!" Dabei klammerte sich der Diener an den

Schiffsmast und war nicht mehr zu bewegen, diesen wieder loszulassen. Selbst als der Kapitän des Schiffes hinzutrat und dem Ängstlichen erklärte, sein Schiff sei diese Strecke schon zahlreiche Male gefahren, ohne jemals in Schwierigkeiten geraten zu sein, da es ausreichend groß und stabil sei, sodass nicht einmal der stärkste Sturm ihm etwas anhaben könne, ließ die Panik des Dieners nicht nach, sondern er wand sich weiterhin auf den Planken des Schiffes, als sei er von schweren Schmerzen gepeinigt.

Man rief den Schiffsarzt, doch dessen Besänftigungsversuche waren nicht von Erfolg gekrönt. Da wandte sich der Kapitän an den König. „Höret, mein Herr! Ich kenne eine sichere Methode, Euren Diener von seiner Angst zu heilen." Daraufhin erklärte er dem König in allen Einzelheiten, was zu tun sei, und dieser war einverstanden.

Vier Männer packten den Diener, legten ein langes Seil um seinen Bauch und banden es an der Reling fest. Dann wurde der inzwischen wütend Brüllende über Bord geschleudert und, am Seil hängend, hinter dem dahingleitenden Schiff einhergezogen. Hin und wieder tauchte er unter, aber durch heftiges Rudern mit Armen und Beinen konnte er sich meist gut über Wasser halten. Knapp bevor der Diener vor Erschöpfung zu ertrinken drohte, wurde er mit vereinten Kräften wieder an Deck gehievt. Dort fiel er ermattet auf den Boden und begann, die Planken des Schiffes zu küssen. „Seht, mein König", sprach der Kapitän, „Euer Diener hatte furchtbare Angst auf diesem Schiff, befürchtete gar, es könne sinken und er könne sein Leben verlieren. Jetzt ist ihm klar geworden, dass das Schiff ihm einen festen Grund unter den Füßen bietet, und er ist sehr froh darüber, dass es diesen gibt."

Fortan war der Diener durch die ausgefallene Behandlung von seiner Angst kuriert, und der Kapitän erhielt eine fürstliche Belohnung.

Einer solchen Radikalkur muss sich jeder Angst- und Zwangskranke in Miniform unterziehen. Denn wenigstens in seiner

Phantasie muss er (besser lachend als brüllend!) „ins kalte Wasser springen" und sich an seine Angstinhalte radikal ausliefern, um zu erleben, dass „es einen (metaphysisch) festen Grund unter seinen (physischen) Füßen gibt", auf den er vertrauen darf. Den „in Dankbarkeit zu küssen" – weise ist.

Ein gezähmter Raubvogel

Hier das angekündigte eindrucksvolle Fallbeispiel:

Eine Frau litt seit ihrer Kindheit an Ängsten, insbesondere an der Angst vor jeder neuen Situation, der sie sich nicht gewachsen fühlte. Es genügte eine Reise, eine berufliche Veränderung oder ein Wechsel im Bekanntenkreis, um sie „aus dem Häuschen geraten zu lassen", was sich dann darin äußerte, dass sie kaum mehr zu essen vermochte, den Kopf hängen ließ und die schrecklichsten Dinge ersann, die auf sie zukommen könnten. Ihre Vorstellungen entglitten mitunter ins Absurde. So wurde sie nach längeren Autofahrten von der Idee geplagt, sie könnte im Dämmerlicht einen Fußgänger oder einen Radfahrer angefahren haben, ohne es zu wissen. Er könnte verblutend im Straßengraben liegen. Nicht selten ließ sie sich daraufhin verleiten, zur Kontrolle die gefahrene Strecke nochmals und abermals abzufahren, obwohl natürlich von einem Unfall weit und breit keine Spur war. Der Pesthauch ihrer negativen Erwartung arbeitete dem erpresserischen Zwang der Angst in die Hand: die Patientin wusste genau, dass sie keinen Passanten streifen würde, ohne es zu merken, und dennoch musste sie sich in langen unnötigen Retour-Fahrstunden davon überzeugen. Allein, die Sicherheit, die sie dadurch zu gewinnen hoffte, war eine trügerische. Denn wer einer unangemessenen Angst nachgibt, verfällt ihr. Je öfter die Frau unsinnigerweise die Straßen kontrollierte, um nach möglichen Verkehrsopfern zu suchen, desto unsicherer wurde sie, ob sie nicht etwa auch beim zweiten oder dritten Abfahren der Strecke ihr imaginäres Opfer übersehen haben mochte. Vielleicht hatte sich das verletzte Opfer ja hinter einen Busch geschleppt oder war eine Böschung hinuntergerollt ...? Immer stärker fühlte sie den Druck der Angst, zu weiteren Kontrollfahrten aufzubrechen. Es ist leicht einzusehen, dass ein Patient, der sich in irrationale Überlegungen der skizzierten Art verstrickt hat, nicht mehr zur Ruhe kommt, weder auf der Straße noch daheim, und sich in völlig unnötiger Selbstquälerei zerfleischt.

Als mich die Frau kontaktierte, war sie schon ziemlich therapieerfahren. Sie legte mir ein Bild vor, das sie während einer der früheren Therapieversuche gemalt hatte. Es zeigte eine kleine, zusammengekauerte Gestalt, die am Boden hockt, den Kopf embryoähnlich gegen die Knie gedrückt; ein Häufchen Verlassenheit und Hilflosigkeit. Hinter der Gestalt stößt ein riesiger Raubvogel mit breiten schwarzen Schwingen auf sie herab, den spitzen Schnabel direkt auf das Genick der sitzenden Gestalt gerichtet, als wolle er sie im nächsten Augenblick zerhacken. „Das bin ich", sagte die Patientin und wies mit dem Finger auf die zusammengekrümmte Gestalt auf dem Papier, „und der Vogel ist das Urbild meiner Ängste. Er überfällt mich von rückwärts, und ich kann nichts dagegen tun. Er ist stärker als ich. Er vernichtet mich!"

„Halt, halt", rief ich aus, „welch ein Irrtum! Der geistig-schöpferische Funke in Ihnen ist unvernichtbar. Der Raubvogel Ihrer Alpträume kann Ihre Gefühle aufwühlen. Er kann Sie demütigen und zu Verhaltensweisen antreiben, die Sie selbst nicht gut-

(Farbige Wiedergabe siehe hintere Umschlagseite innen)

heißen. Aber die gesunden, geistigen Kräfte Ihres Ichs sind unverletzlich; mit deren Hilfe können Sie sich sogar noch *über* den Raubvogel stellen und ihm das Gefieder so durcheinander pusten, dass er sich schockiert schüttelnd das Weite sucht."

„Der Raubvogel ... schockiert?", fragte die Patientin ungläubig und eine erste hauchdünne Hoffnungsröte glitt über ihre Wangen. „Gewiss", bestätigte ich ihr. „Dazu müssen Sie sich allerdings aufrichten, umdrehen und ihm ins Gesicht schauen. Mehr noch: Sie müssen ihn mit offenen Armen herbeilocken, als wollten sie ihn an ihre Brust drücken. Betrachten Sie ihn als ein putziges Vögelchen, dem Sie unbedingt das Gefieder streicheln möchten, dann wollen wir einmal sehen, ob ihm das gefällt!"

Die Patientin war höchst erstaunt über meinen Vorschlag, aber sie erfasste rasch den paradoxen Umgang mit ihrem Raubvogel. Bald begann sie, sich in neuen Situationen vorzusagen: „Ich denke gar nicht daran, die neue Situation gut zu bewältigen. Ich bin der allergrößte Versager auf Gottes Erdboden, und diesen Weltrekord will ich auch halten!" Wenn der krankhafte Einfall sie überkam, sie könnte auf der Heimfahrt mit dem Auto unwissentlich jemanden angefahren haben, setzte sie sich zu Hause gemütlich hin und sagte zu sich: „Ei freilich, sie schaufeln soeben die Leichen hinter mir von den Straßen. Prima, dann habe ich meinen heutigen Beitrag zur Reduzierung der globalen Überbevölkerung schon geleistet!"

Die Patientin wusste natürlich, dass ihre humorvollen Selbstgespräche nicht ernst gemeint waren, aber diese halfen ihr, auch ihre widersinnigen Ängste nicht mehr ernst zu nehmen, und vor allem nahmen sie dem Erpresser „Angst" jegliche Macht über sie. Denn wenn sie versagen oder jemanden überfahren *wollte*, brauchte sie sich davor nicht zu fürchten. Und fürchtete sie sich nicht, kam es auch zu keinem Versagen und schon gar nicht zu Verkehrsunfällen solch merkwürdiger Art. Die Patientin lernte sukzessive, ein freieres und beschwingteres Leben zu führen, sich weniger unnötige Sorgen zu machen und auf Alltagsveränderungen selbstsicherer zu reagieren.

Was man ernst meint, sagt man am besten im Spaß.

Wilhelm Busch

Lächeln ist die eleganteste Art, dem Gegner die Zähne zu zeigen.

Simone de Beauvoir

Gegen Ende unserer therapeutischen Sitzungen brachte mir die Frau ein neues Bild, das sie mir zum Geschenk gemalt hatte. Es zeigte einen kleinen Hügel, auf dem eine Gestalt „thront". Stolz sitzt sie dort, auf einer festen, soliden Basis, in sich selbst ruhend und gelassen.

(Farbige Wiedergabe siehe hintere Umschlagseite innen)

Die Gestalt trägt den Kopf aufrecht und hält in ihren Händen zwei Pinsel und eine bunte Palette. Neben ihr stehen vier Farbtiegel in leuchtenden Farben. Das Erstaunlichste an dem Bild aber sind die Vögel. Es sind nämlich zwei! Zum einen der bekannte dräuend-riesige Raubvogel, der sich aber diesmal der Gestalt von vorne zu nähern versucht, den spitzen Schnabel gerade noch (= relativ harmlos) auf ihre Füße gerichtet. Und zum anderen vor ihr ein heller, strahlender, farbenfroh gefiederter zweiter Vogel, der die Gestalt verlässt, mit ausgebreiteten Schwingen, den Schnabel zum Himmel erhoben. „Das bin ich heute", sagte die Frau und wies auf die thronende Figur. „Ich weiß jetzt, wie man Raubvögel zähmt. Man muss sie nur zu einer Verschönerungsprozedur einladen und ihnen ihre aufgeplusterten schwarzen Federn bunt anstreichen, dann schauen sie so komisch aus, dass sie sich genieren und schnell wegfliegen. In letzter Zeit trauen sie sich schon gar nicht mehr in meine Nähe …", und als sie dies sagte, lachte und weinte sie zugleich. Wie freute ich mich mit ihr, dass sie den „Fluch" der Angstneurose so heroisch zu bannen vermocht hatte.

Wahrscheinlich sind meiner ehemaligen Patientin auch späterhin gelegentlich Angst- oder Zwangsideen eingefallen, die der Realität nicht angemessen waren. Doch bin ich sicher, dass sie deswegen nicht gleich in Panik geraten ist, sondern eben ihr Handwerkszeug, die „paradoxe Intention", hervorgeholt und dem Vogel ein paar bunte Federn mehr verpasst hat, woraufhin er sie jedes Mal wieder fluchtartig verlassen haben wird.

Herr über sich selbst bleiben

Unbegründete Ängste, Zwänge und Weltuntergangsstimmungen sind Herausforderungen an den menschlichen Geist, die geistig beantwortet werden sollen, indem man sich ihnen stellt, *entgegen*stellt und *darüber*stellt. Gelingt dies, darf man im besten Sinne stolz auf sich sein, und diese geistige Zufriedenheit entmachtet erst recht die Krankheit. In Wirklichkeit muss sich niemand vor seinen negativen Gefühlen beugen, er glaubt es nur zu müssen, womit wir zum dritten „E" kommen, das irrationale Ängste begleitet, zur *Erniedrigung*. Die Angst erniedrigt den Menschen, aber eigentlich ist er selbst es, der sich erniedrigen lässt, indem er sich eine Freiheit abspricht, die er immer noch besitzt.

Frankl machte dazu folgende klare Aussage: „Letzten Endes wird menschliches Verhalten nicht von Bedingungen diktiert, die der Mensch antrifft, sondern von einer Entscheidung, die er trifft. Ob er es nun wissen mag oder nicht: er entscheidet, ob er den Bedingungen trotzt oder weicht, mit anderen Worten, ob er sich von ihnen überhaupt und in welchem Maße er sich von ihnen bestimmen lässt" (aus: „Der Mensch vor der Frage nach dem Sinn", Piper, S. 54).

Die Erniedrigung im Sog unangemessener Ängste wird von dem neurotischen Trugschluss eingeleitet: „Weil ich Angst habe, kann ich dies oder jenes nicht … ich bin eben ängstlich und daher unfähig zu dem oder jenem …:" Das Können und die Fähigkeiten des Menschen werden aber von seinen Ängsten im Prinzip gar nicht beeinträchtigt! Es gibt durchaus Krankheiten, etwa psychotischer Art, die das Können des Menschen erheblich herabmindern, aber die übertriebene Furchtsamkeit sensibler Charaktere gehört *nicht* dazu. Man kann in einem Kaufhaus Platzangst bekommen und die Flucht ergreifen, und man kann genau so gut Platzangst bekommen und seinen Einkauf tätigen, wenn auch mit zusammengebissenen Zähnen. Die Rechnung wird einem in beiden Fällen präsentiert. Flieht man in Angst, begleitet sie einen überall hin; widersteht man ihr, geht man als Sieger über sie hervor. So erstaunlich es ist: man kann gleichzeitig Angst haben und mutig sein, die Freiheit zum Mut wohnt auch im Ängstlichen. Vielleicht beweist es ja sogar den größeren Mut, etwas mit Angst zu tun, aber es eben zu tun, als dasselbe ohne Angst zu tun. Demnach könnten die „Angsthasen" unter uns die größere Chance zum Heldentum haben, als sie die Helden unter uns jemals haben werden …

Ein Bruder kam zu Abba Poemen und sagte: „Abba, eine Vielzahl von Gedanken kommt mir in den Sinn, und ich bin in Gefahr." Der alte Mann nahm ihn mit nach draußen ins Freie und befahl ihm: „Öffne dein Gewand und ergreife den Wind!" Der Bruder antwortete: „Aber das kann ich nicht." Der alte Mann sagte: „Wenn du das nicht kannst, kannst du auch die Gedanken nicht daran hindern, in dich einzudringen. Doch was du tun sollst: stehe fest, wenn sie kommen."

Aufgabe psychologisch-therapeutischer Arbeit ist es demnach, Menschen aus ihrer selbstgewählten Erniedrigungspose hochzuheben, und die in ihnen angelegte „Heldenanwartschaft" (das „Feststehen im Wind") zur Realisation zu bringen. In diesem Zusammenhang darf auch der Berater seinerseits vor tragischen Umständen und langen Angstkarrieren seiner Patienten nicht zurückschrecken. Hier ein Dialogfragment *klientenzentrierter* Gesprächsführungspraxis (Abschrift von einem Lehr-Tonband):

Klient: Leute ängstigen mich.
Berater: Welche Leute?
Klient: Zum Beispiel mein Vater.
Berater: Wie macht er das?
Klient: Er spricht laut mit mir.
Berater: Was geschieht, wenn er das tut?
Klient: Dann bringe ich keinen Ton mehr heraus vor Angst.
Berater: Sie haben also Angst vor Ihrem Vater. Und diese Angst übertragen Sie auch auf andere Leute?
Klient: Ja, deswegen vermeide ich Kontakte, wo ich nur kann.
Berater: Sie werden sich vermutlich einsam fühlen.
Klient (schluchzend):
Ich habe niemanden auf der Welt.

Versuchen wir nachzuvollziehen, was obiger Klient denken mag, wenn er nach dem Beratungsgespräch heimkehrt. Gewiss wird er auf seinen Vater – offenbar Urheber seiner Misere! – ärgerlich sein. Zusätzlich wird er wegen seiner Armut an sozialen Kontakten – an denen ihn seine Ängste hindern! – in Selbstmitleid baden. Aber wird ihm auch bewusst sein, dass er trotzdem imstande wäre, zukunftsträchtige Kontakte mit anderen Menschen zu knüpfen, und dass er darüber hinaus imstande wäre, mit seinem resoluten Vater offen zu sprechen, wenn er es bloß wagen würde, seine inneren Hemmungen mit Bravour zu überspringen? Leider wird er es nicht wissen!

Ich schlage deshalb vor, den Dialog vom Berater her *sinn-, mut- und humorzentriert* aufzubauen, etwa von nachstehender Art:

Klient: Leute ängstigen mich.
Berater: Alle Leute? Auch die Eingeborenen in Australien ...?
Klient: Nein, nicht alle Leute –
Berater: Welche Leute ängstigen Sie nicht?
Klient: Zum Beispiel Kinder.
Berater: Und warum nicht?
Klient: Weil sie mich nicht anschreien.
Berater: Kann ein lautes Sprechen von jemandem Ihre eigene Sprechbereitschaft blockieren?
Klient: Ja, genau so ist es.
Berater: Das ist aber schade, denn es könnte Ihnen ja auch einmal eine lautstarke Liebeserklärung gemacht werden ...
Klient (lachend):
In diesem Fall, glaube ich, würde ich die Blockierung überwinden!

Überlegen wir wiederum, was der Klient nach einem solchen Beratungsgespräch denken mag. Es gibt eine gute Chance, dass er ein wenig die Freiheit in sich spürt, über die er trotz seiner Gehemmtheit verfügt. Unter Umständen kommt es ihm selbst dumm vor, sich von der Lautstärke einer Stimme irritieren zu lassen, und er ringt sich zum Ablegen dieser Schwäche durch. Das wäre jedenfalls Erfolg versprechender als eine Schuldabwälzung auf den Vater und das Schmoren im Selbstmitleid.

„Gestern steckte ich wegen eines Stromausfalls eine halbe Stunde in einem Lift fest", erzählt Heiner seinem Arbeitskollegen. „Da können Sie noch von Glück reden", meint dieser. „Ich musste einmal an der U-Bahn-Station wegen eines Stromausfalls zwei geschlagene Stunden auf einer Rolltreppe ausharren, bis sie wieder funktionierte!"

Gelegentlich gibt es auch einen „Stromausfall" in der Seele. Ich hatte einst ein junges Mädchen bei mir sitzen, das unser Gespräch mit der Behauptung eröffnete: „Ich kann nicht von zu Hause weggehen." Die meisten meiner Kollegen hätten prompt zurückgefragt: „Warum nicht?", mit dem Hintergedanken, das Problem sei die Überbehütung durch die Eltern, die Eifersucht der Geschwister und dergleichen mehr. Ich hingegen fragte die Jugendliche: „Und wenn Sie weggehen könnten, wo würden Sie hingehen?" Sie hatte keine Ahnung, wo sie gerne hingehen würde. (Verständlich, dass sie auf der „Rolltreppe" hocken blieb!) Da gab ich ihr die Aufgabe, bis zu unserem nächsten Gespräch herauszufinden, wo es für sie erholsam, lustig, interessant etc. wäre, hinzugehen, wenn sie das Elternhaus zwanglos für einige Zeit verlassen könnte. Ich prophezeite ihr, dass sich ihr Können sofort einstellen werde, sobald ein zielgerichtetes Wollen sichtbar würde. In der übernächsten Gesprächsstunde wusste sie es. Sie würde am liebsten in den Schulferien zwei Wochen lang zu ihrer Tante auf das Land fahren. Wir setzten gemeinsam ein Brieflein an die Tante auf, ich telefonierte mit ihren Eltern, und als die Ferien nahten, bereitete ich mich darauf vor, ihr Mut zum Absprung aus dem elterlichen Nest zuzusprechen. Doch das Mädchen erschien nicht zur abgemachten Stunde. Ungeduldig war es schon zwei Tage früher zur Tante abgereist …

Wir sehen, es war nicht notwendig gewesen, die Ängste der Jugendlichen nach allen Regeln der Kunst aufzuschlüsseln, aber es war wichtig gewesen, ihr die Freiheit zu verdeutlichen, die sie trotz ihrer Bewegungsscheu besaß, und diese mit einem sinnvollen Ziel zu verbinden. Die Erniedrigung des Menschen im Zuge unberechtigter Ängste besteht nämlich nicht nur darin, dass er sich seiner Freiheit begibt, sondern vor allem darin, dass er sich nicht frei fühlt zu tun, was er für sinnvoll hält. Deswegen kann ihm umgekehrt das Aufleuchten eines sinnvollen Vorhabens die Freiheit wieder „hinreißend" schmackhaft machen, sich über jede Hemmung hinweg in sein Vorhaben hineinzustürzen.

So sehr also das Phänomen „Angst" mit seinem biologisch-schützenden Auftrag dem Menschen dient, so wenig darf der Mensch zum Diener seiner Ängste werden. Er muss Herr über sich selbst bleiben, und dann hingehen und sein Selbst einer sinnvollen Aufgabe weihen – nur so kann sich menschliches Leben erfüllen.

Der Übel größtes ist die Schuld –?

Friedrich von Schiller hatte Recht. Eine begangene Schuld liegt uns Menschen ungeheuer lange „auf der Seele", oft bis zum Tod. Die Sehnsucht nach Vergebung und Nachlass von Schuld durchweht sämtliche Erlösungsmythen wie der Abglanz eines Urbedürfnisses der Menschheit. Wir sind einfach die aus dem Paradies der Unschuld Vertriebenen, die ruhelos durch die Räume und Zeiten der Erde schreiten in dem ewig scheiternden Bestreben, ein Reich zu schaffen, das das Verlorene ersetzen könnte. Allein, was Gottes ist, ist unser nicht ...

Im Mittel der Psychologie, in der sich das spezifisch humane Phänomen der Schuld als mehr oder weniger quälendes Schuld*gefühl* abbildet, muss jedoch ähnlich differenziert werden wie in Bezug auf Angstgefühle. Es gibt nämlich auch – und keineswegs selten – „unberechtigte" Schuldgefühle, die eher einer Konfusion als einer Schandtat entspringen. Unsichere, schwermütige oder perfektionistisch angehauchte Personen fühlen sich leicht schuldig, ohne tatsächlich ein Vergehen auf sich geladen zu haben. Sie beziehen Kritik aller Art auf sich, reden sich ein, sie hätten Unabwendbares verhindern können, und lassen sich im Falle eines Malheurs von ihren Mitmenschen widerstandslos „zur Schnecke machen". Dabei sind ihre *irrationalen Selbstvorwürfe* entweder Ausdruck eines philosophischen Irrtums oder Symptom einer seelischen Krankheit.

Im Falle des *Irrtums* muss ihnen mit Hilfe plausibler Argumente erläutert werden, dass von Schuld ausschließlich dort die Rede sein kann, wo Freiwilligkeit und Kenntnis der absehbaren Folgen eines Tuns vorhanden waren. Biegt z. B. ein Lokomotivführer mit vorgeschriebener Geschwindigkeit in eine Kurve ein, und liegt plötzlich wenige Meter vor ihm ein Mann auf den Geleisen, ist der Lokomotivführer logischerweise nicht schuld an dessen Tod, wenn sein Expresszug über den Selbstmörder hinwegdonnert. Die schwere Maschine ist nicht mehr rechtzeitig zu bremsen. Eine „Freiwilligkeit" beim Akt des Überfahrens steht außerhalb jeder Diskussion. Oder bittet eine gestresste Frau ihre Nachbarin, für sie eine Einzahlung auf der Bank zu erledigen, und wird die Nachbarin just dann bei einem Banküberfall verletzt, kann ebenfalls keinerlei Schuld der Frau gegenüber ihrer Nachbarin festgestellt werden. Ein Überfall zählt wahrlich nicht zu den absehbaren Folgen eines Spaziergangs zur Bank. Freilich, die genannten Ereignisse sind leidvoll genug. Sowohl der Lokomotivführer als auch die gestresste Frau werden noch lange mit Bedauern und Mitgefühl derjenigen Person gedenken, die zu Schaden gekommen ist. Dennoch sind „ihre Westen weiß", und Schuldgefühle sollten darin keinen Platz finden.

Im Falle einer *seelischen Krankheit* (z. B. Zwangsneurose, endogene Depression) kann man das unberechtigte Schuldgefühl nicht isoliert ausklinken. Es muss vielmehr die Krankheit im Ganzen behandelt werden.

In dem Buschwerk am Fuße eines hohen Berges hatte ein Zaunkönig sein Nest gebaut. Die Jungen waren ausgeschlüpft und gediehen zur Freude ihrer Eltern, die kein größeres Glück kannten, als ihre kleinen Lieblinge zu hegen und zu pflegen.

Da stürzte ein Steinschlag herab und verschüttete das Nest. Als die Eltern mit Futter in ihren Schnäbeln zurückkehrten, fanden sie es nicht mehr und wussten nicht einmal, ob ihre Kinder erschlagen waren oder unter dem Geröll den langsamen Hungertod starben. In ihrem Schmerz flogen die Eltern zum Adler und riefen: „Strafe den, der uns ein so großes Herzeleid zugefügt hat!" Der Adler versprach es, flog zu seiner Ratgeberin, der Eule, und sprach: „Ein Steinschlag hat die jungen Zaunkönige getötet. Hilf mir erforschen, wer das Unglück verschuldet hat, damit ich richten und strafen kann."

Da umschatteten sich die Augen der Eule, und sie antwortete: „Ich selbst war Zeugin dieses schrecklichen Ereignisses. Unter dem Fuß einer Gämse, die den steilen Hang emporflüchtete, löste sich ein Stein und brachte die Lawine ins Rollen, die das Glück der Zaunkönige vernichtete."

„Und vor wem floh die Gämse?", fragte der Adler.

„Vor dir!", sagte die Eule traurig und schwieg.

Rudolf Kirsten

Schließen wir damit das Thema der unberechtigten Schuldgefühle bzw. Schuldanklagen ab und wenden wir uns Schillers größtem Übel zu: dem stimmigen und berechtigten Schuldbewusstsein, das Frankl „existenzielles Schuldgefühl" getauft hat. Wobei „existenziell" hier so viel heißt wie: den tiefsten Seelenkern im Menschen berührend. Man hat aus freien Stücken gegen sein Gewissen verstoßen, und das tut weh. Merkwürdige Klimmzüge werden unternommen, um sich daran vorbeizumogeln.

Eine in der Beratungspraxis häufig vernehmbare Variante ist die Selbstbeschuldigung unter Angabe sämtlicher Gründe, warum man gar nicht hätte anders handeln können. Verdeckt wird eine Bestätigung der eigenen Unschuld seitens des Therapeuten gesucht. Dieser muss sich jedoch hüten, auf das Betrugsspielchen einzusteigen. So meinte eine Patientin im Scheidungsprozess zu mir: „Ich hätte meinen Mann, den ich nie gemocht habe, nicht heiraten sollen. Aber ich hatte damals keine Wahl. Meine Eltern hätten uns sonst ihre Wohnung nicht überschrieben." Na, na ... keine Wahl? Schuld der Eltern am Ehedesaster? Wie wäre es mit dem ehrlichen Bekenntnis, dass die Liebe zu einer Wohnung statt zum Partner für eine Eheschließung nicht ausreicht? Dass es ihr und niemand anderes Fehler war, Ja statt Nein zu sagen? Einzig aus eingestandenen Fehlern kann man lernen, „weggedrückte" bleiben unfruchtbar.

Eine andere Patientin beichtete mir: „Bei meinem allerletzten Besuch bei meiner Mutter war ich garstig zu ihr. Aber ich konnte ja nicht wissen, dass sie bald sterben würde, und dass ich sie nicht mehr sehen würde." Na, na ... ist man nur zu Todeskandidaten freundlich? Ich wollte nicht beschwichtigend antworten: „Natürlich konnten Sie dies nicht wissen", sondern sagte vielmehr schlicht: „Oh, das ist schade, dass Ihr letztes Beisammensein mit Ihrer Mutter unschön ausgegangen ist. Erinnern Sie sich vielleicht auch an Zeiten, da Ihre Begegnung mit der Mutter harmonisch verlaufen ist?" Die Patientin nickte und weinte die längst überfälligen Tränen, die ihre Schuld tilgten.

> Oma kommt zu Besuch. „Wer hat denn die große Fensterscheibe eingeworfen?", fragt sie entsetzt. „Das war Mutti", sagt Ulrike, „aber Vati war schuld. Der hat sich gebückt, als Mutti mit dem Blumentopf nach ihm warf."

Ja, in Sachen „Schuld" gibt es manche Verwechslungen und viele Verschleierungen, aber *eine* optimale Lösung (auf menschlicher Ebene), die wir uns jetzt ansehen wollen.

Jeder echten Reue wohnt ein Zauber inne

Die Reue wird meist als etwas höchst Unangenehmes empfunden. Sie „nagt" an uns. Mitunter bauscht sie sich zu qualvollen Selbstvorwürfen mit masochistischen Verschnörkelungen auf, doch dies ist nicht ihr Sinn. Es geht vielmehr um einen innerlich durchglühten Wandlungsprozess, der die Person zu einer anderen, weiseren und besseren umschmiedet; zu einer, die im (fiktiven) Wiederholungsfalle klüger und liebevoller agieren würde, als sie es im konkreten Fall getan hat. Die Erkenntnis des versäumten Guten hebt sie über die Grenze des nicht mehr änderbaren Schlechten hinaus. Ein kraft begangener Schuld umdenkender Mensch entsteigt seinem früheren Ich ein Stück; die Reue „verzaubert" ihn. Sie kann seine Fehler zwar nicht aus der äußeren Geschichte herauslösen, aber sie überstrahlt sie in seiner inneren Entwicklungsgeschichte.

Damit die Reue solcherart purgativ wirken kann, muss sie allerdings echt sein und bewusst durchschritten werden. Ich möchte dies an einem authentischen Patientendialog demonstrieren. Die etwa 60-jährige Frau, mit der ich den Dialog geführt habe, war vom Arzt einer Kurklinik an mich überwiesen worden, weil sich ihre seelische Niedergeschlagenheit, wegen der sie auf Kur geschickt worden war, nicht gebessert hatte. Die therapeutische Linie, die ich im (hier gekürzten) Dialog verfolgte, sei anhand von kurzen Zwischenkommentaren transparent gemacht.

Patientin: Ich habe solche Ängste. Es ist, als ob mich etwas erdrücken wollte ...

Ich: Bitte überlegen Sie genau: wovor haben Sie Angst?

Patientin: Das ist es ja, ich weiß es nicht. Es ist gar kein Grund dafür gegeben. Vielleicht liegt der Grund in meiner Vergangenheit ... dass ich das alles nicht bewältigt habe.

(Kennt ein Patient kein Wovor seiner Angst, dann handelt es sich nicht um irrationale Angstgefühle, die man humorvoll parodieren könnte. Häufig steckt Mehrschichtiges dahinter; nicht selten eine Gewissensproblematik, die man freischaufeln muss.)

Ich: Gibt es etwas Schlimmes in Ihrer Vergangenheit —?

Patientin: (heftig) Es war die Hölle, ja, die Hölle! Mit meinem ersten Mann, müssen Sie wissen. Er hat nur

Ich: gesoffen und mit Weibern geschäkert ... und plötzlich war er weg, einfach weg.
Ich: Wie lange hat die Ehe gedauert?
Patientin: 14 Jahre.

(Es scheint verlockend, sich nun intensiv mit der missglückten Ehe der Patientin zu beschäftigen. Da jedoch von einer ersten Ehe gesprochen worden ist – der offensichtlich eine zweite folgte –, empfiehlt es sich, zunächst die gewichtigen „Eckdaten" im Leben dieser Frau zu eruieren.)

Ich: Und vorher? War die Zeit vor Ihrer Eheschließung okay für Sie?
Patientin: Hm, meine Eltern haben schon viel für mich getan. Obwohl ... Liebe und Zärtlichkeit habe ich nicht gekannt. Ihre Ehe war auch triste. Und kaum war ich mit der Schule fertig, hieß es: Du musst arbeiten gehen! Meine jüngere Schwester durfte eine Ausbildung absolvieren, aber mich wollten sie draußen haben.
Ich: Was haben Sie denn gearbeitet?
Patientin: Ich habe in einer Fabrik angefangen, und später war ich bei der Straßenbahn, das war ganz interessant.
Ich: Sie haben also nicht ungern gearbeitet?
Patientin: Nein, im Gegenteil, ich habe immer gerne gearbeitet (erzählt von ihren Arbeitsstellen).
Ich: Dann haben Ihre Eltern vielleicht doch keine so falsche Entscheidung getroffen, als sie Sie zur Arbeit schickten?
Patientin: Nein, das nicht ...

(Nicht nur die erste Ehe, auch die Kindheit der Patientin war demnach nicht ideal. Wiederum wäre viel „psychologische Wühlarbeit" möglich. Bloß kann niemand ungeschehen machen, was geschehen ist. Aussöhnung ist angezeigt – deshalb mein kleiner Hinweis auf die „Akzeptabilität" der elterlichen Entscheidung.)

Ich:	Sie haben also früh zu arbeiten begonnen. Haben Sie auch früh geheiratet?
Patientin:	Viel zu früh! Aber mein Gott, es war 1942, und da wusste niemand, wie es weitergeht. So viele Männer sind gefallen. Beim Abschied wusste man nie, ob man sich wiedersieht.
Ich:	Das verstehe ich gut. Nun, Ihr Mann ist aus dem Krieg heimgekehrt. Könnte es sein, dass ihn die Kriegserlebnisse im Negativen verändert haben?
Patientin:	Und wie! Er war nicht wiederzuerkennen! Ein Fremder war er. Aber 1945 ist unser Georg geboren worden … (weint)
Ich:	(nach einer Pause) Georg ist Ihr Sohn?
Patientin:	Er war der älteste … (weint)

(Obwohl die Patientin von einer Menge schwieriger Umstände berichtet hat, ist bisher eher der Eindruck entstanden, dass sie damit leben kann. Sogar ein gewisses Verständnis für das Extremverhalten ihres ersten Mannes angesichts der traumatisierenden Kriegsjahre ist von ihr aufbringbar. Aber bei der Erwähnung von Georg stoßen wir auf eine heftige Gefühlsreaktion.)

Ich:	Darf ich vermuten, dass es nicht die schlechte Ehe mit Ihrem ersten Mann oder die etwas kühle Kindheit ist, die Sie hauptsächlich bedrückt, sondern noch etwas anderes –?
Patientin:	(flüsternd) Mein Georg ist mit 16 Jahren gestorben.
Ich:	Oh, das tut mir leid. Das ist wahrhaftig ein großer Schmerz für eine Mutter!
Patientin:	Es ist über 20 Jahre her. Ich muss es doch endlich überwinden können. Andere können das ja auch!

(Der Tod eines Kindes ist ein extrem schwerer Verlust. Diese Wunde sitzt tief. Aber wie die Patientin ganz richtig andeutet, vernarbt sie eben nicht, was ihre Tränen beweisen. Warum nicht? Wir müssen noch mehr darüber sprechen.)

Ich:	So etwas vergisst man nicht, auch wenn es schon lange her ist. Erzählen Sie mir ein wenig von Georg. Was war er für ein Kind?
Patientin:	(berichtet bruchstückweise) Er war so brav, gar nicht wie ein Kind, er hat überhaupt keine Kindheit gehabt! Er hat immer auf den Kleinen aufgepasst, hat ihn fast aufgezogen, hat ihn morgens schon im Kinderwagen zur Krippe geschoben … Ich war doch allein, niemand hat mir geholfen, ich musste um 4 Uhr früh bei der Post zur Stelle sein, und nachmittags auch, damals wurden noch zweimal am Tag Briefe ausgetragen … Die Mutter hat mir den Kleinen nicht abgenommen, das Sozialamt hat nicht geholfen, die Frau dort sagte, bei ehelichen Kindern müsse der Mann für sie sorgen, aber der war doch weg, ich wusste nicht einmal, wohin … Ich hatte kein Geld!
Ich:	Sie hatten noch ein zweites Kind, und der Mann hat sie verlassen?
Patientin:	Ja. 1954 ist der Markus geboren worden, und im selben Jahr ist mein erster Mann ausgezogen und untergetaucht. Er hat irgendwelche krummen Dinge gedreht, die Polizei hat ihn gesucht. Ich stand da mit zwei Kindern. Wenn ich den Georg nicht gehabt hätte … dabei war er selbst erst 9 Jahre alt. Er hat überhaupt keine Kindheit gehabt! (weint)

(Bei solch tragischen Berichten ist auf Nuancen zu achten, und eine Nuance fällt auf. Die Aussage, dass Georg „überhaupt keine Kindheit gehabt hat", wiederholt sich und scheint der Mutter mehr Kummer zu verursachen als sein Tod.)

Ich:	Da haben Sie wirklich eine üble Zeit durchgemacht! Sie mussten das Geld für die Familie verdienen, und Ihr 9-jähriger Sohn musste sich um das Baby kümmern. Sie beide, Sie und Ihr ältester Sohn, sind sehr tapfer gewesen!
Patientin:	(hört auf zu weinen und erzählt zusammenhängender und ein wenig stolz) Der Georg hat den Kleinen gewickelt, gefüttert, gewaschen ... Er hat immer Geduld mit ihm gehabt und hat sich alles von ihm gefallen lassen. Dabei war der Kleine manchmal wie der Teufel, hat ihn z. B. von hinten in die Waden gebissen. Wenn ich dann gerufen habe: „Georg, schmier ihm eine!", hat der Georg nur gelacht und gesagt: „Mutti, er versteht's ja nicht!" Er hat ihn praktisch aufgezogen, das war mir eine enorme Hilfe. Meine Mutter hat mir nicht geholfen, aber die ist auch bald gestorben ... Später fand ich Pflegeeltern für den Markus, da ging's schon leichter. Und dann habe ich zum zweiten Mal geheiratet, damit die Kinder wieder einen Vater haben. Einen lieben Mann, der auch den Georg gern gemocht hat ... (ihre Stimme gerät ins Wanken)
Ich:	(ruhig) Was ist dann passiert?
Patientin:	Mit 16 Jahren hat mein Sohn Kinderlähmung bekommen. Es hat drei Tage gedauert, dann war er tot. Wenige Monate später wurden überall die Schutzimpfungen eingeführt ...
Ich:	War der Kleine auch in Gefahr?
Patientin:	Wahrscheinlich. Damals hatte ich ihn bereits wieder zu mir geholt. Aber der ist gesund geblieben. Zum Kleinen hatte ich nie die Beziehung wie zum Großen ... mir fehlen die Jahre, die wir getrennt waren, als er in Pflege war ...
Ich:	Also ausgerechnet das Kind, das Ihnen besonders nahegestanden ist, haben Sie verloren. Und ausgerechnet zu dem Zeitpunkt, als die schlimmste Not

	vorüber war und Sie hoffen durften, dass endlich ein paar glückliche Jahre kommen würden –
Patientin:	Genauso ist es! Na, da kann man nichts machen. Nichts kann man mehr ändern. Es gibt keine Hilfe, weil man die Zeit nicht zurückdrehen kann. Alles ist endgültig vorbei!

(Die Patientin ringt mit der Flüchtigkeit und Vergänglichkeit allen Daseins. Doch ist das Vergangene, das „in die Ewigkeit Geflüchtete", dort gewissermaßen auch ewig geborgen, wie Frankl philosophisch exzellent dargelegt hat.)

Ich:	Sie sagen, man kann nichts mehr ändern. Andererseits haben Sie mir erstaunlich Positives von Ihrem Georg erzählt: wie er in der Not eingesprungen ist, seinen jüngeren Bruder rührend versorgt hat, etc. – möchten Sie denn all dies geändert haben?
Patientin:	Nein, das nicht! Er war ein Engel, der auf die Erde kam, Gutes tat und wieder ging …
Ich:	Sehen Sie, seine guten Werke bleiben genauso wahr wie die Tatsache seines frühen Dahinscheidens. Sein ganzes Leben bleibt für immer und alle Zeiten ein von Hilfsbereitschaft durchdrungenes, so kurz es auch gewesen ist. Meinen Sie denn wirklich, dass die Länge eines Menschenlebens das Wichtigste daran ist? Gibt es nicht Menschenleben, die lange dauern, aber wenig Früchte hinterlassen, und andere, die in kurzer Zeit eine Fülle an großartigen Werken unterbringen?
Patientin:	Ja, das ist wahr! Mein Georg hat mir in seinem kurzen Leben viel Freude gemacht! Er war so vernünftig und lieb …
Ich:	Das bleibt doch auch, oder? Die Freude an ihm nimmt Ihnen niemand mehr weg. Die Begegnung mit einem kleinen „Engel", wie Sie sagen, gehört

	unauslöschlich zu Ihrem Leben dazu. Wenn Sie heute an Ihr totes Kind zurückdenken, könnten Sie eigentlich in Dankbarkeit schwelgen, dass Ihnen dieses Kind 16 Jahre lang geschenkt war –
Patientin:	Wenn man es so sieht ...

(Der Gesprächsverlauf zeigt, dass die Patientin sich geirrt hat, als sie behauptet hatte, nichts sei mehr zu ändern. Zumindest die geistige Einstellung einer Person zum Gewesenen ist bis zuletzt änderbar, was vom psychohygienischen Standpunkt aus einen erheblichen Unterschied bedeutet.)

Ich:	Wie hätte denn Ihr Georg gewollt, dass Sie es sehen?
Patientin:	Oh, der hätte nicht gewollt, dass ich mich seinetwegen gräme. Im Krankenhaus hat er noch zum Arzt gesagt: „Helfen Sie meiner Mutter!" Er hat nie an sich gedacht. Wenn er einige Pfennige in der Tasche hatte, hat er dem Kleinen etwas gekauft, nie etwas für sich – er hat nichts von seiner Kindheit gehabt, gar nichts – (weint)

(Da ist dieser „Schlüsselsatz" wieder, der ständig auftaucht und die Frau erneut in Schmerz eintaucht. Was steckt dahinter? Erlittenes Leid? Trauer um den Verlust des Kindes? Es klingt nach einer zusätzlichen bisher unangeklungenen Problematik. Ein nie verwundenes Schuldgefühl?)

| Ich: | Frau X, ich habe den Eindruck, dass es etwas Bestimmtes ist, das Ihnen zu schaffen macht, und zwar nicht bloß das tragische Ableben Ihres Sohnes. Sie äußern wiederholt die Befürchtung, dass seine Kindheit belastet gewesen ist. Kann es sein, dass Sie heute noch darüber nachgrübeln, ob Sie nicht trotz sämtlicher Schwierigkeiten in der Lage gewesen wären, ihm eine angenehmere Kindheit zu ermöglichen? Kann es sein, dass der Gedanke |

	Sie umtreibt, Sie haben Georg gegenüber etwas versäumt, das Sie nie mehr nachholen können?
Patientin:	(ergreift meine Hände in heftiger Erregung) Das ist es! Das ist es! Die Schule bot Ausflüge für die Kinder an, und mein Georg war der Einzige, der nicht mitfahren durfte. Ich hatte nicht das Geld für die Bahnfahrt. Aber vielleicht hätte ich es borgen und später zurückzahlen sollen …? Oder, der Lehrer hat ein Buch empfohlen, mit Tiergeschichten, das weiß ich heute noch, und ich konnte es nicht kaufen. Aber … hätte es das Buch zum Ausleihen gegeben? Ich war oft so müde, wenn ich von der Arbeit heimkam, dann wollte ich nichts mehr hören von seinen kleinen Sorgen und Wünschen … (schluchzt laut)

(Hier enthüllt sich der innerste Kern der nicht-heilen-wollenden Niedergeschlagenheit der Patientin. Keineswegs sind es die wuchtigen Schicksalsschläge ihres schweren Lebens, die sie zu zermalmen drohen, sondern der winzige Rest an ehemaliger Freiheit dazwischen ist es, der sie plagt mit der Frage, ob sie ihn verantwortlich genutzt hat. Sie meint: nein.)

Ich:	(nach einer Pause) Ich verstehe. Ihre Schuldgefühle sind die Ursache Ihrer Ängste. Ihre „Krankheit" ist eine Gewissensnot. Der Junge hat Ihnen geholfen, wo er nur konnte, und Sie fragen sich unentwegt, ob Sie ihm wohl auch geholfen haben, wo Sie nur konnten, nicht wahr?
Patientin:	(leise) Ja.

(Hier endet die diagnostische Phase des Gesprächs. Jetzt muss in die therapeutische Phase eingestiegen werden.)

Ich:	In Ordnung, wir haben den Herd Ihrer Krankheit gefunden. Ich fasse zusammen: Sie sind eine star-

ke und mutige Frau. Sie haben eine eher mittelmäßige Kindheit gut überstanden. Sie haben viel und fleißig gearbeitet in Ihrem Leben. Sie haben sich durch die harten Kriegs- und Nachkriegsjahre mühsam durchgekämpft und in einer verzweifelten Situation – von Mann und Mutter im Stich gelassen – genügend Energie aufgebracht, Ihre zwei Kinder zu ernähren. Daraus darf ich schließen, dass Sie auch den tragischen Tod Ihres ältesten Sohnes aufrecht zu tragen vermögen. Was Sie aber seelisch nicht zur Ruhe kommen lässt, ist die Frage, ob Sie an diesem Ihrem Sohn schuldig geworden sind. Überlegen wir miteinander: Was wäre gewesen, wenn Ihr Georg am Leben geblieben wäre?

Patientin: Oh, dann hätte ich ihm später schon allerhand bieten können ... Schikurse, technische Bausätze, wie sie der Kleine gesammelt hat ...

Ich: Und die Schuldgefühle?

Patientin: Hätte ich nicht gehabt, weil ich mir gesagt hätte: Ich hab's ja wieder ausgebügelt, da, wo er in seiner Kindheit zu kurz gekommen ist ...

(Sind die Schuldgefühle der Patientin berechtigt? Reichliche Alternativen wird sie zu Georgs Kinderzeit nicht gehabt haben. Dennoch gibt es dieses 20 Jahre alte Unbehagen in ihr, und da sie nicht der Typ einer Skrupulantin ist, wird ein realistischer Hintergrund existieren. Sie mag „im Kleinen" gefehlt haben, weiß aber instinktiv, dass für ein kleines Kind eben Kleines relativ groß ist.)

Ich: Richtig. Überlegen wir weiter: Was wäre gewesen, wenn Ihr Georg ein wildes, egoistisches Kind, ein so genannter Rowdy gewesen wäre, der auf den Straßen herumgezogen wäre, anstatt seinen Bruder zu hüten?

Patientin:	Na, dann …? Ich hätte auch um ihn geweint, aber vermutlich nicht so lange getrauert, ich meine, mich nicht derart gequält.
Ich:	Und die Schuldgefühle?
Patientin:	Wären auch geringer gewesen. Ja doch, ich glaube schon.
Ich:	Aha. Merken Sie, dass Ihre Gewissensnot eng verknüpft ist mit dem ganz besonderen Wesen Ihres Sohnes? Das Beste, das Sie wohl überhaupt in Ihrem Leben erfahren haben, war die Selbstlosigkeit und frühe Reife dieses Kindes. Gleichzeitig ist es die Ursache Ihrer Schuldgefühle: einem „Engel" gegenüber sind Sie Mensch geblieben, wenn wir Ihren Vergleich verwenden wollen. Nun schauen Sie bitte einmal weg von sich. Was hat aus Ihrem Georg das „Engelhafte" hervorgelockt? War es nicht gerade die Krisensituation, die ihn vorzeitig reifen ließ? War es nicht gerade die Tatsache, dass er gebraucht wurde, von seiner Mutter, die ihm selbst nur wenig geben konnte, dringend gebraucht wurde als Helfer in der Not, war es nicht diese Tatsache, die das Höchste aus ihm herausholte?
Patientin:	Sie meinen, er ist an den bitteren Umständen gewachsen?
Ich:	Aber sicher. Er ist in jenen Momenten am meisten über sich hinausgewachsen, als seine Mutter schwach und müde war, abgearbeitet nach Hause kam, kein Geld mehr für Vergnügungen hatte, usw. Sein edler Charakter hat sich in den Stunden der Entbehrung geformt. Und – auch dies sei hier klar ausgesprochen: sein früher Tod hat verhindert, dass daran unter irgendwelchen späteren gegenläufigen Einflüssen jemals gerüttelt werde. Wissen Sie, es kommt nicht auf das „Haben" und „Gehabt-Haben" im Leben an, sondern auf das „Sein" und „Geworden-Sein"! Somit gilt für Ihren

Sohn: Er hat möglicherweise nicht viel von seiner Kindheit „gehabt", aber es ist während seiner Kindheit viel aus ihm „geworden", ein wunderbarer junger Mensch ist aus ihm geworden –

(Zweifellos glorifiziert die Patientin ihren älteren Sohn ein wenig. Er wird kein „reiner Engel" gewesen sein. Doch diese Idealisierung kann ihm nicht mehr schaden und ist Balsam für die Mutter. Deshalb rühre ich nicht daran, sondern baue die beachtlichen Leistungen des Kindes in meine Argumentationen ein.)

Patientin: Ja, er war wirklich wunderbar!
Ich: Vielleicht ein bisschen „wunderbarer" als seine Mutter?
Patientin: Freilich. Das haben Sie schön gesagt, dass ich einem „Engelchen" gegenüber Mensch geblieben bin.
Ich: Na, gönnen Sie ihm doch diesen Rang! Gestehen Sie ihm zu, in manchen Belangen der bessere Teil von Ihnen beiden gewesen zu sein! Ihr Versagen machte ihn zum Helden. Ich persönlich glaube nicht, dass Sie auf breiter Linie versagt haben. Aber die kleinen Versäumnisse, die Sie begangen haben mögen, weil Sie nun einmal kein „Engel" sind, lassen Georg in besonders hellem Kontrast dazu erscheinen. Mit anderen Worten: Ihr dahingeschiedener Sohn war nicht zuletzt deshalb ein so großartiges Kerlchen, weil Sie u. a. an ihm gefehlt haben.
Patientin: (spontan) Da ist was dran! Ich bin froh für ihn und stolz auf ihn. Er war besser als sein Vater und besser als seine Mutter ... gewiss gönne ich ihm das! Von meinem zweiten Sohn kann ich dasselbe nicht sagen, aber sein Leben ist ja auch noch nicht zu Ende ... (strafft sich) Sie haben Recht. Ich habe einiges falsch gemacht, und meine beiden Söhne

	haben unterschiedlich darauf reagiert. Georg ist daran gewachsen …
Ich:	Noch in seinen letzten Minuten galt seine Sorge Ihnen! Er wünschte, dass es Ihnen gut geht und nicht, dass Sie sich mit Zweifeln und düsteren Gedanken abplagen –
Patientin:	Das stimmt (hebt den Kopf). Wenn ich ihn das nächste Mal auf dem Friedhof besuche, werde ich ihm sagen, wie stolz ich auf ihn bin. Jetzt aber gehe ich heim und werde mich bemühen, so zu leben, dass er wegen mir beruhigt sein kann …

Die Patientin verließ mich in gefestigtem Zustand und hat seitdem nie mehr über Ängste geklagt. Im Zuge unserer weiteren Gespräche gelang es ihr sogar Schritt für Schritt, eine annähernd gute Beziehung zu ihrem zweiten Sohn anzubahnen, der mit seiner Familie in einiger Entfernung von ihr wohnte und lange Zeit im Schatten des toten Bruders gestanden ist.

Der alte Spruch, dass man die Blumen während des Lebens (sei es an einen Georg, sei es an einen Markus) verschenken soll, weil sie auf den Gräbern „vergebens" blühen, enthält eben eine fundamentale Weisheit, die nicht nur von dieser Frau in einem mehr als 20 Jahre währenden Erkenntnisprozess gelernt wurde, sondern die sich jeder von uns gelegentlich ins Bewusstsein rufen sollte.

Wohin mit Wut und Drang?

Ich betonte, dass ein Bereuen echt sein muss, wenn es seinen schuldtilgenden Zauber entfalten soll. Eine Reue nach Art des Fuchses in folgender Fabel von Gottlieb Konrad Pfeffel würde nicht genügen:

Ein Fuchs, der einen Hahn zerrissen,
blieb vor dem Leichnam stehn und sah ihn traurig an.
Ein Esel nahm es wahr. „Dich reut, was du getan,
mein Lieber", sprach er; „dein Gewissen
erwacht ein bisschen spät; doch besser spät als nie."
„Freund", ächzte der Bandit, „dein Mund hat wahr gesprochen.
Mich reuet meine Tat, denn ach, das Rabenvieh
hat – leider! – nichts als Haut und Knochen."

Der echten Reue zur Seite stehen nun Schwestertugenden wie: die Vergebung, die Barmherzigkeit, die Friedensfähigkeit. Sie stoppen die Destruktion sozusagen vom Gegenpol her. In der Fabel ist ein Hahn zerrissen worden, und vielleicht gibt es jemanden, für den der Hahn doch mehr als „Haut und Knochen" bedeutet hat. Jemanden, dessen Lieblingstier der Hahn gewesen ist. Wie soll dieser Jemand in Zukunft dem Fuchs entgegentreten? Mit der Axt und dem Gewehr in der Hand? Mit Hass und Wut im Bauch? Mit einem Fluch auf den Lippen? Wir dürfen die Symbolik der Fabel nicht überdehnen, aber die Fragestellung auch nicht leichtfertig vom Tisch wischen. Schuld erzeugt Aggression, und Aggression erzeugt Lawinen, was Bert Brecht überaus treffend in dem lapidaren Satz ausgedrückt hat: „Das große Karthago führte drei Kriege. Nach dem ersten war es noch mächtig, nach dem zweiten noch bewohnbar, nach dem dritten unauffindbar." Ähnlich jener antiken Handelsstadt ergeht es unserer Menschenwürde: nach der ersten gestarteten Aggressionsattacke ist sie gewöhnlich noch in unserer Sehnsucht, nach der zweiten verliert sie an Konturen und nach der dritten zerfließt sie zur Unkenntlichkeit. Dabei ist es egal, ob die Aggressionsattacke ursprünglich aus einem „gerechten" Zorn oder aus einem starken Triebdruck heraus gestartet worden ist – als „Lawine" reißt sie alles Lebendige auf ihrem Weg mit sich in die Tiefe.

Nehmen wir zwei Kriminaldelikte zum Ausgangspunkt unserer Überlegungen:

Der eine Bericht handelt von einem Vorfall in einem der Münchener Freibäder. Ein junger Mann betrat das Gelände des Bades und schlenderte über die Liegewiesen rund um die Schwimmbecken. Er war angezogen und trug Straßenschuhe. Plötzlich hob er einen Fuß und trat einem ihm gänzlich unbekannten Mann, der sich in Badekleidung und mit geschlossenen Augen auf der Wiese sonnte, mit voller Wucht ins Gesicht. Der Mann erlitt schwere Verletzungen, darunter einen Jochbeinbruch, an dessen Blutung er fast erstickte. Die Verletzung verheilte trotz chirurgischer Eingriffe so schlecht, dass die Bruchstelle Monate später nochmals operativ korrigiert werden musste. Lange Zeit laborierte das Opfer an den Folgen der brutalen Misshandlung herum.

Es war logisch, dass die Frage nach dem Motiv dieser sinnlosen und grausamen Tat laut wurde. Doch was der Täter als Motiv bei der Polizei angab, erzeugte eher Abscheu als Verständnis, weshalb der Staatsanwalt eine psychologische Begutachtung wünschte (im Zuge derer ich die zweifelhafte Ehre hatte, den jungen Mann zu untersuchen). Seine Erklärung war denkbar einfach. Er habe vor dem Eingang des Bades Streit mit seiner Freundin gehabt, die ihm ihre Freundschaft unwiderruflich aufgekündigt habe. Da sei eine unbremsbare Wut in ihm hochgekrochen, die er *irgendwo* habe abreagieren müssen (!).

> Wir mögen die Menschen, die frisch heraus sagen, was sie denken, vorausgesetzt, sie denken das Gleiche wie wir.
>
> *Mark Twain*

Der zweite Bericht, den ich erwähnen möchte, ist im Herbst 1993 durch die deutsche Presse gegangen. Ein Autofahrer hatte eine Anhalterin mitgenommen und während der Fahrt sexuell belästigt. Sie wehrte sich, und als das Fahrzeug an einer Ampel halten musste, öffnete das Mädchen die Türe, um zu flüchten. Beim Hinausspringen blieb es unglückseligerweise in der Schlinge seines Anschnallgurtes hängen und fiel auf die Straße. Passanten wollten ihm zu Hilfe eilen, doch da knallte der Autofahrer die Türe zu und gab, obwohl das Mädchen immer noch in der Schlinge des heraushängenden Autogurtes verfangen war, Vollgas. Die Anhalterin wurde mehrere Kilometer weit zu Tode geschleift.

Auch in diesem Fall stand man einem ebenso unfassbaren wie sinnlosen Verbrechen gegenüber und schrie nach dem Motiv. Und wieder kroch es einem bei der Antwort des Täters kalt über den Rücken. Er habe schon lange mit keiner Frau mehr geschlafen, erklärte der Autofahrer bei seiner Vernehmung, und sich deswegen unbedingt sexuell abreagieren müssen. Als sein Vorhaben schief lief, habe ihn panische Angst vor der „Schande" zur Weiterfahrt bewogen. Das Mädchen, das an seinem Auto hing, habe er vergessen (!).

> Richter: „Angeklagter, können Sie mir mildernde Umstände für die Urteilsfindung angeben?" – „Ja, Euer Ehren. Ich bitte das hohe Gericht, die Jugend und Unerfahrenheit meines Verteidigers zu berücksichtigen!"

Was ist das Gemeinsame an den zwei obigen Berichten, wenn wir sie psychologisch aufbereiten? Da sind ein junger Mann und ein älterer Mann, von intensiven Gefühlen beherrscht, die nach Befriedigung drängen: Enttäuschung, Wut, Sexualstreben, Angst. Beide Personen zeigen keinerlei Hemmung, das Ausleben ihrer Gefühle durchzusetzen.

Für psychologisch geschulte Ohren schwingt bei einer solchen Formulierung merkwürdig Vertrautes mit. Ist nicht seit Freuds Tagen in den Psychotherapie-Lehrbüchern von Trieben die Rede, die tunlichst abfließen sollen, weil sie ansonsten neurotischen Schaden stiften? Wird nicht häufig als Therapieziel der Abbau von Hemmungen bei Patienten genannt, und zwar von Hemmungen, die der Befriedigung seelischer Bedürfnisse im Wege stehen? Sind nicht die Schlagworte von der „Ich-Stärkung" bzw. der Stärkung des Durchsetzungsvermögens bis in Laienkreise vorgedrungen? Kann es sein, dass in der traditionellen Psychotherapie der biopsychische Unterbau des Menschen mehr erforscht und beachtet worden ist, als jene spezifisch humane Höhendimension, die der Gefühlskontrolle und Nächstenliebe fähig ist, und dass demzufolge viele Menschen heutzutage meinen, sich zur Vermeidung kritischer Gefühlsverdrängungen bei jeder passenden Gelegenheit abreagieren zu müssen? Haben wir Fachleute die Öffentlichkeit darum zu bitten, „die Jugend und Unerfahrenheit unserer rund 100 Jahre jungen Wissenschaftsdisziplin zu berücksichtigen"?

Obwohl Frankl wenig über die starken menschlichen Gefühle und deren „Sublimation" oder „Kanalisation" geschrieben hat, hat er gerade diesbezüglich enorm viel wieder zurechtgerückt. Kein Mensch wird einfach nur von seinen Gefühlen regiert. Ein Flugzeug wird auch nicht bloß von seinen Motoren angetrieben. Ein Flugzeug wird gesteuert, und analog ist das Verhältnis des Menschen zu seinen Gefühlen zu verstehen. Gewiss ist es nicht opportun, Affekte und Emotionen ständig überdiszipliniert zu unterdrücken – man schaltet ja auch nicht die Flugzeugmotoren während eines Fluges ab. Aber man bestimmt, wohin sie einen befördern! Und so ist es des Menschen einzigartige Chance und genuine Aufgabe, zu bestimmen, wohin ihn seine Gefühle befördern dürfen und sollen. Die ganze Frage nach dem Wohin von Wut und Drang dreht sich kopernikanisch um und lautet eher: Wo, auf welchem ethischen Niveau, möchten wir mit Hilfe der Schubkraft unserer Gefühle schlussendlich landen?

> Eine Gruppe Fallschirmspringer soll zum ersten Mal abspringen. Der Ausbilder bringt jeden Einzelnen von ihnen zur Luke und gibt ihm eigenhändig einen Schubs. Alles geht glatt, nur einer wehrt sich mit Händen und Füßen. Aber auch er muss hinaus. Im Hintergrund lacht jemand. Der Ausbilder dreht sich um und schnauzt ihn an: „Über einen solchen Feigling können Sie noch lachen?" – „Feigling ist gut", antwortet der Mann, „das war der Pilot."

Wer Wut und Drang ungesteuert ausagiert, wirft den „Piloten" aus seiner menschlichen Dimension hinaus.

Der Zwiespalt mit dem Vater

Als junge Studentin im Praktikum wohnte ich einst einer gruppentherapeutischen Sitzung bei. Eine ältere Dame aus der Gruppe, in deren Kindheit maßvolle körperliche Züchtigungen als Erziehungsmittel durchaus noch üblich gewesen sind, beschrieb ihren (längst verstorbenen) Vater als „den Elternteil mit der rauen Hand". Kaum war das Wort gefallen, stürzte sich die Therapeutin darauf und versicherte der Dame, dass deren jahrelange massive Unterdrückung heftiger Affekte die Ursache ihrer heutigen seelischen Labilität sei. Sie könne ihre Schwäche nur loswerden, wenn sie ihre innere Wut gegen den Vater reaktiviere und ausagiere. Dazu wurde von der Therapeutin sogleich eine Decke in länglicher Form zusammengerollt und als „symbolischer Vaterersatz" auf die Couch gelegt. Die Dame erhielt einen Stock mit der Aufforderung, mit aller Kraft auf die Decke einzuschlagen und laut zu rufen: „Ich hasse dich! Ich hasse dich!" Danach werde ihr Vaterproblem „aufgearbeitet" sein.

Die Dame tat wie befohlen, steigerte sich aber im Verlauf der makabren Szene in einen hysterischen Weinkrampf hinein, aus dem sie mittels besänftigendem Zureden nicht mehr herausgeholt werden konnte. Der herbeitelefonierte Notarzt musste sie mit einer Beruhigungsspritze versorgen. Dieses Erlebnis blieb mir als warnendes Beispiel eindrücklich in Erinnerung.

Es ist wohl wahr, dass der Hass auf einen Elternteil das Leben eines Menschen vergiften kann. Dem Verständnis der Logotherapie nach geschieht dies jedoch nicht deshalb, weil ein gestauter Affekt permanent nach seiner Entladung drängt, sondern deshalb, weil es sich grundsätzlich mit Hass im Herzen weder gut lebt, noch gut stirbt. Auf geistiger Ebene drängt Hass nicht nach einer Entladung, sondern nach Versöhnung und ist niemals anders „aufzuarbeiten" als durch verzeihende Liebe.

Eine Frau mittleren Alters saß bei mir zum Gespräch und erwähnte ihre lebenslange Dissonanz mit ihrem Vater. Ein vernünftiges Gespräch sei mit ihm niemals möglich gewesen. Jetzt sei er alt und wohne in einer weit entfernten Stadt. Wenn sie ihn besuche, was selten vorkam, fände sie ihn unweigerlich vor dem Fernseher; und wenn sie ihn auf die vergangenen Zeiten und dasjenige, was zwischen ihnen stand, ansprechen wolle, würde er sie ungeduldig schweigen heißen, um den Film nicht zu verpassen. Auch beim Essen gäbe es stets etwas Aktuelles, das eine Aussprache verhindere, sodass sie in Bezug auf ihren Vater inzwischen resigniert habe.

Ich hörte aufmerksam zu und erwiderte dann: „Ihr Vater ist alt, und die Wahrscheinlichkeit ist gering, dass er sich ändern wird. Wer sich hingegen ändern kann, sind Sie. Vielleicht geht es weniger um eine Auseinandersetzung zwischen dem Vater und Ihnen (die sowieso kaum fruchtbar verlaufen würde), sondern eher um eine Auseinandersetzung in Ihnen selbst – zwischen Ihren Gefühlen und Ihrem Gewissen. Ihre Gefühle lehnen den Vater ab; mag sein, zu Recht, Ihr Gewissen aber plädiert für Vergebung, weil auch Sie, wie jedermann, auf Vergebung angewiesen sind. Bisher haben Ihre Gefühle dominiert. Wie wäre es, wenn allmählich Ihr Gewissen Oberhand gewänne?"

„Das möchte ich gerne", seufzte die Frau. „Wie soll ich das bloß machen?" „Ich habe eine Idee", antwortete ich. „Wenn Sie Ihren Vater das nächste Mal besuchen, und er sitzt im Wohnzimmer vor dem Fernseher und beachtet Sie nicht, dann gehen Sie einfach auf ihn zu und drücken ihm ohne jeden Kommentar einen Kuss auf die Stirne. Egal, was er tut oder sagt, für Sie soll es ein Zeichen der Versöhnung sein, der Versöhnung Ihrer Gefühle mit Ihrem Gewissen. Eine Geste des Verzeihens gegenüber einem alten Mann. Durch Ihre Geste entlasten Sie Ihren Vater von seiner Schuld, und Sie werden sich selbst dabei entlasten von Ihrem Hass." Die Frau probierte meinen Vorschlag aus und fand nicht nur ihren inneren Frieden, sondern war höchst überrascht von der Reaktion ihres Vaters, der, wie sie mir später lächelnd erzählte, nach dem „Friedenskuss" aufgestanden sei und seine erwachsene Tochter ebenso kommentarlos in die Arme geschlossen habe. Sogar der Fernseher soll an jenem Abend pausiert haben.

Die Ebene der Werte ist eben eine andere als die Ebene der individuellen Wünsche und Bedürfnisse. In der Ebene der Werte muss gelegentlich auf eine Bedürfnisstillung verzichtet werden. Trotzdem ist sie die einzige unserem Menschentum würdige Ebene. Alles darunter ist mehr oder weniger „Elend in Fortsetzung".

Die Wanderbackpfeife
(gekürzt)

Es war einmal ein Junge, der hieß Emil. Er ärgerte sich, dass er seinen Pullover falsch herum angezogen hatte. Er stampfte mit dem Fuß auf, und als seine Schwester Tine ins Zimmer kam, knallte Emil seiner Schwester eine. Tine rannte hinaus und ärgerte sich, und als der Vater darüber lachte, knallte sie ihm auch eine. Der Vater war ganz erschrocken, und als gerade der Briefträger an der Tür klingelte, öffnete der Vater und haute ihm eine runter.

Der Briefträger ließ seine Tasche fallen, lief auf die Straße und stieß dem Straßenfeger ans Schienbein. Der Straßenfeger humpelte weg und kratzte die Zeitungsfrau. Diese ärgerte sich und kniff den Lastwagenfahrer, der gerade die Zeitungen brachte. Der stieg wütend in seinen Lastwagen und riss an der Kreuzung dem Verkehrspolizisten die Mütze vom Kopf. Der Verkehrspolizist schimpfte, hielt ein Auto an und riss dem Autofahrer einen Mantelknopf ab. Der Autofahrer war empört und spritzte an der nächsten Tankstelle den Tankwart nass. Der jammerte, rannte los zu seiner Frau und wollte ihr gerade eine knallen, da sagte die Frau zu ihm: „Reg' dich doch nicht so auf", streichelte ihn und gab ihm einen Kuss.

Da ging der Tankwart zum Autofahrer hinaus und gab ihm auch einen Kuss. Der Autofahrer wunderte sich, fuhr zur Kreuzung und schüttelte dem Verkehrspolizisten die Hand. Dieser ging zum Lastwagenfahrer und streichelte ihn. Der Lastwagenfahrer schmunzelte, fuhr zur Zeitungsfrau und küsste sie auf die Backe. Da kicherte die Zeitungsfrau, rief den Straßenfeger und streichelte seinen Schnurrbart. Der Straßenfeger wunderte sich und hob dem Briefträger die Briefe auf. Der Briefträger klingelte, und als der Vater öffnete, bekam dieser einen Kuss und einen Brief dazu. Der Vater ging ins Haus, nahm die Tine auf den Schoß und kämmte ihre Haare. Daraufhin lief Tine zu Emil ins Zimmer und fragte: „Soll ich dir helfen, den Pullover anzuziehen?" –

Stefan Reisner

Menschen wie meine Patientin oder die Frau des Tankwarts in obiger Spaßgeschichte erretten die Menschenwürde der Welt. Dabei geht es in Wirklichkeit um weit mehr als um Spaß. Es geht um Krieg oder Frieden, um bitteren Ernst.

Leib-Seele-Geist in einer Person

Seit Jahrhunderten zerbrechen sich die Philosophen den Kopf über das „Leib-Seele-Problem". Irgendwie bleiben wir uns selbst ein unentwirrbares Rätsel. Jedenfalls war man sich schon in der Antike darüber einig, dass über das Greifbare am Menschen hinaus ein Ungreifbares – besser Un*be*greifbares – an/in ihm existiert. Man beschrieb unseren Leib als sichtbar und materiell, und unsere Seele als unsichtbar und immateriell. Die Religionen fügten das Credo hinzu, unser Leib sei sterblich, und unsere Seele sei unsterblich. Völker kamen und gingen in Konkordanz mit dieser Sichtweise.

Als sich Anfang des 20. Jahrhunderts die Psychologie als eigenständige Wissenschaft etablierte, wehte plötzlich ein frischer Wind über die Gelehrtenpulte. Der Begriff „Seele" wurde rigoros in den Begriff „Psyche" transformiert. Was aber ist unter „Psyche" gemeint? Der Sitz unserer Gefühle, das Sammelbecken unserer Lernerfahrungen; Trieb, Wahrnehmung, Gedächtnis, Denkvorgänge ... Nichts, was nicht genauso gut an den Tieren beobachtbar wäre. Das heilige Mysterium Mensch entschwebte dem Forschungsgegenstand der Fachwelt.

> „Mir ist eine schwarze Katze von links nach rechts über den Weg gelaufen. Muss ich nun ein Unglück erwarten?" – „Das kommt darauf an, ob Sie ein Mensch sind oder eine Maus!"

Frankl erkannte sehr früh die Unzulänglichkeit jener Transformation von „Seele" in „Psyche" und leitete eine Korrektur ein, indem er den Begriff „Psyche" durch dem Begriff „Geist" ergänzte. „Geist", definiert als menschliches Spezifikum mit Willensfreiheit, Verantwortung und unabdingbarer Personen-

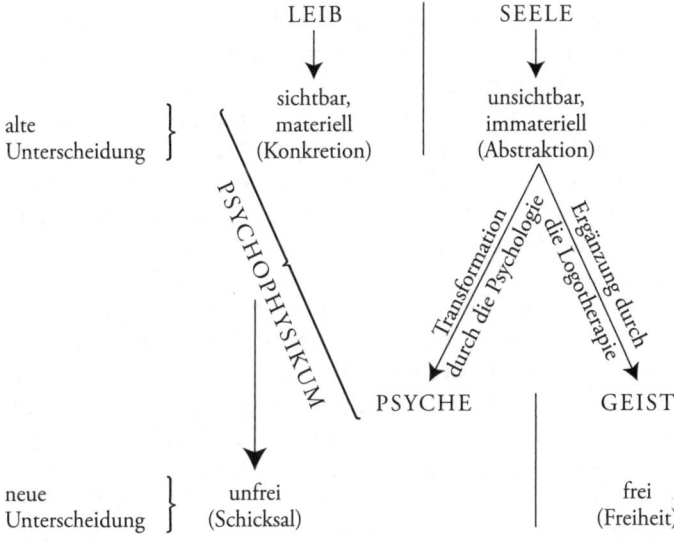

würde. Ja, er fasste gar „Leib" und „Psyche" zur (tierischen) Einheit des „Psychophysikums" zusammen und überhöhte diese mit dem schöpferischen Funken des (eingehauchten) „Geistes". Dadurch entstand eine neue philosophische Interpretation des ewigen Rätsels. Die alte Unterscheidung zwischen sichtbar/unsichtbar bzw. materiell/immateriell wurde abgelöst von einer neuen, die da lautet: unfrei/frei.

Schauen wir uns den Praxisbezug dieser neuen anthropologischen Version an.

Eine Ärztin einer Münchener Hautklinik zog mich wegen einer 20-jährigen Patientin zu Rate, die an einem hässlichen und langwierigen Hautausschlag litt, der ihr Gesicht entstellte. Die junge Frau hatte wiederholt den Satz geäußert: „Ich ekle mich vor mir". Die Ärztin befürchtete Schlimmes, zumal die Patientin keine Familie hatte, die ihr hätte Trost spenden können. Wegen des Ekels war die Patientin außerdem sehr nachlässig bei der Anwendung der dermatologischen Behandlungen, die ohne Regelmäßigkeit keine Aussicht auf Erfolg hatten.

Für mich war es keine Frage, wo der Ekel herkam, denn etwas Hässliches kann empfindsame Menschen einfach abstoßen, und der Ausschlag war wahrhaftig nicht schön. Es stellte sich vielmehr die Frage, wie eine 20-jährige junge Frau mit einem solchen Schicksal leben und ihm nach Kräften trotzen könne? Womit wir beim Stichwort „Schicksal" (= Unfreiheit) angelangt sind. Was war im vorliegenden Falle alles schicksalhaft? Oder umgekehrt: Gab es inmitten dieser Problematik noch einen Spalt Freiheit für die Patientin, gleichsam einen freien Raum, in dem sie nach ihrer Wahl entscheiden durfte?

Da war ihr Leib, mit einer Hautkrankheit belastet, und die Krankheit war im Moment ihr „Schicksal". Da war ihre Psyche, mit dem Gefühl des Ekels belastet, und der Ekel war im Moment ihr „Schicksal". Da war sie als geistige Person, aufgerufen, persönlich Stellung zu nehmen zu Krankheit und Ekel. Nun – Stellung nehmen konnte sie auf unterschiedlichste Art. Nichts und niemand in der Welt konnte sie zu einer bestimmten Einstellung zwingen. *Hierin* gründete also ihr Freiraum, den es zu öffnen und auszuschöpfen galt.

Als Erstes lernte die Patientin, dass der von ihr gebrauchte Satz: „Ich ekle mich vor mir" schlichtweg falsch war. Gab es doch eine Menge Heiles und Hübsches an/in ihr. Der Satz sollte stattdessen heißen: „Ich ekle mich vor meinem Ausschlag", was sie akzeptierte.

Als Zweites lernte sie, Ekel und Ausschlag zu bündeln, und zwar zu einer einzigen psychophysischen Herausforderung des Schicksals an sie. Wie ließ sich dieser Herausforderung begegnen? Ich schrieb ihr (eine Anregung Frankls aufgreifend) auf einen Zettel, was sie in Gedanken dem Pärchen „Ausschlag plus Ekel" entgegenhalten sollte:

> Es gibt etwas, das ihr
> mir nicht nehmen könnt:
> meine Freiheit – zu wählen,
> wie ich auf das,
> was ihr mir antut,
> reagiere!

Die Augen der jungen Frau blitzten schalkhaft auf. „Richtig", meinte sie, „der Ausschlag bestimmt nicht über meine Reaktion auf ihn." „Der Ekel auch nicht", betonte ich und sie nickte nach einigem Zögern. „Sie sind frei zu allem, was Sie samt Ausschlag bzw. Ekel unternehmen möchten", hakte ich nach, und sie verstand.

Als Drittes suchten wir nach einem reizvollen Lebensplan. Welche Zukunft war es ihr wert, die triste Zeit des Klinikaufenthaltes und der unumgänglichen Behandlungsprozeduren tapfer durchzustehen? Es zeigte sich, dass die junge Frau vor ihrer Erkrankung beabsichtigt hatte, am Münchener Konservatorium Musik zu studieren. Dafür musste sie sich allerdings einer schweren Aufnahmeprüfung unterziehen. Nachdem sie begriffen hatte, dass Ausschlag und Ekel sie nicht hindern konnten, auf diese Prüfung hinzuarbeiten, wenn sie es zutiefst wollte, sollten auch keine äußeren Umstände ihre Wege versperren. Deshalb motivierte ich sie, sich ihre Gitarre von zu Hause bringen zu lassen, und verschaffte ihr zudem die Erlaubnis, täglich auf einem Flügel im Rot-Kreuz-Haus um die Ecke zu üben.

Ab diesem Zeitpunkt ging es mit ihrer Spitalsbehandlung voran, so als ob ihr geistiges „Trotzdem-Ja" zur Zukunft verbindlich gewesen wäre auch für Leib und Psyche. Sechs Monate später inskribierte sie am Konservatorium – mit weitgehend abgeheilter Haut und frohem Herzen. Sie, die ganze Person, in der unendlich viel mehr Gestaltungsspielraum gesteckt ist, als das Schicksal ihr scheinbar beschneiden hat können.

Türen werden nicht nur zugeschlagen. Es gehen auch Türen auf. Bloß macht das weniger Lärm.

Hans Derendinger

Der Aspekt der Verantwortlichkeit

Nachdem ich meinen Studenten einmal den Unterschied zwischen dem jeweils schicksalhaften Bereich des Menschen (= Leib- und Psyche-Faktoren zum gegebenen Zeitpunkt) und dem jeweils persönlichen Freiraum desselben Menschen (= geistige Einstellungen, Gestaltungsspielräume) erklärt hatte, fragte ich sie: „Nun, was gefällt Ihnen besser – Schicksal oder Freiheit?" „Die Freiheit!", riefen sie unisono. „Da können wir mitbestimmen, mitentscheiden, das Leben selbst in die Hand nehmen und lenken, wohin wir wollen!"

Die Jungverheirateten sind überzeugte Anhänger der antiautoritären Erziehung. Als die Geburt des ersten Kindes bevorsteht, fragen Freunde: „Wird es ein Junge oder ein Mädchen?" – „Darüber soll unser Kind selbst entscheiden."

Klar, die Freiheit hat den Menschen immer schon wie ein Magnet angezogen, sie ist sein Traum seit Adam und Eva.

Dennoch gibt es einen Aspekt, der das Minus des Schicksalhaften mit einem Plus austariert, während es dem menschlichen Freiraum als nicht abzuschüttelnde Bürde anhaftet, und das ist der Aspekt der *Verantwortlichkeit*. Was von uns nicht gewählt werden kann, entzieht sich unserer Verantwortung und damit auch unserem Versagen. Was aber frei wählbar, entscheidbar und gestaltbar ist, dafür muss eingestanden werden mitsamt allen Folgen, die daraus erwachsen. So ist Freiheit ein Geschenk mit zwei Gesichtern: einem sonnigen und einem ernsten. Und auch das Schicksalhafte bedeutet nicht nur Zwang, sondern auch Unschuld.

Als Beispiel dafür sei ein Mann erwähnt, der mich in großer seelischer Not aufsuchte und sich ungeheuer schämte, mir sein Problem vorzutragen. Nur keuchend und stockend brachte er es heraus. Er fühlte sich von Kindern angezogen, weil sie sexuelle Phantasien in ihm auslösten. Insbesondere quälten ihn seine pädophilen Impulse in den Auen entlang des Isarflusses in München, wo im Sommer viele Nackedeis herumlaufen. Aus Angst, er könnte irgendwann wider Willen die Beherrschung verlieren und sich an einem Kind vergreifen, ging er den ganzen Sommer über nicht baden und mied strengstens die Kinderspielplätze in seiner Umgebung. Dabei war noch nie ein Übergriff seinerseits vorgekommen. Der Mann besaß eine eiserne Kontrolle über sich selbst, fühlte sich aber schmutzig und verwerflich wegen seiner abwegigen Gelüste.

Hier konnte ich einhaken und ihn von jedweder Schuld entlasten. Triebgefühle und Zwangsideen gehören zum schicksalhaften Bereich. Sie werden nicht frei gewählt, sie sind spontan da, wo immer sie herstammen mögen. Der Mann war für seine Neigungen nicht verantwortlich. Wofür er allein Verantwortung trug, war sein Handlungsspielraum zwischen einem Seinen-Neigungen-Nachgeben und einem Seinen-Neigungen-Widerstehen. Dass er innerhalb dieses seines Freiraums bisher stets den Widerstand gewählt, also verantwortlich gehandelt hatte, war zweifellos eine anerkennenswerte menschliche Leistung. Ich sagte zu ihm: „Sie haben keinen Grund, sich zu schämen! Sie sind ein anständiger Mann und werden es auch bleiben. Was Sie brauchen, ist eine Entkoppelung Ihrer sexuellen Phantasien von den spielenden Kindern bzw. eine Koppelung neuer Gedankenmuster mit der optischen Wahrnehmung von Kindern. Gerne will ich Ihnen dabei behilflich sein."

Nach der bewährten Frankl'schen Methode der Dereflexion übte sich der Patient für einige Zeit im Verzicht auf Sexualität und verknüpfte gleichzeitig den Begriff „Kinder" mit den höchsten Werten, die ihm lieb und teuer waren. Künstlerisch begabt entwarf er u. a. eine wandfüllende Collage über seinem Wohnzimmertisch, voll mit ausdruckskräftigen Kinderbildern, die in eine zart blühende Landschaft eingestreut waren. Über ihnen dehnte sich ein schimmernder Regenbogen aus. Wenn der Mann abends an seinem Wohnzimmertisch beim Nachtmahl saß, glitten seine Augen daran hoch, und es war ihm, als ziehe ihn der Regenbogen aus den Triebgefilden hinauf in die Höhe des reinen Himmels. Eine Vorstellung, die ich sehr verstärkte.

Im darauf folgenden Sommer wagte sich der Patient wieder in die Isarauen. Wie er mir berichtete, empfand er beim Anblick (spärlich bekleideter) Kinder lediglich eine tiefe Dankbarkeit im Bewusstsein seiner Treue zu sich selbst. Es ist nicht ohne Pointe, dass er ausgerechnet dort, am Ufer der Isar, eine Dame passenden Alters kennen lernte, zu der er später eine enge Freundschaft entwickelte. Ich habe nicht nachgefragt, aber ich war mir beim Abschluss unserer Gespräche ziemlich sicher, dass damit auch die Chance für ein gesundes und normales Sexualleben bei ihm beträchtlich gestiegen war.

Viele meiner Patienten haben ähnliche „Meisterleistungen" erbracht. Eine an Bulimie erkrankte Patientin zog um und nahm ihre Bulimie „einfach nicht in ihre neue Wohnung mit".

Fast kann ich den Protestschrei der Skeptiker hören, die nicht glauben, dass solches möglich ist. Trotzdem, es ist wahr. Die Verlockung der Patientin in Richtung Ess-Brech-Sucht war nach ihrem Umzug schon noch da, gleichsam schicksalhaft in ihr schlummernd, aber die Freiheit, dieser Schwäche die Stirn zu bieten, gab es eben auch. Ein junger, leicht behinderter Patient vertraute mir an, dass er im Supermarkt einen intensiven Gusto verspüre, kleine Gegenstände zu entwenden. Es jucke ihn geradezu in den Fingern. Ich redete ihm das „Jucken" nicht aus, überzeugte ihn aber, dass er selber und nicht das Jucken darüber entscheide, ob er zum Dieb werde oder nicht. Auch ihm gelang es, sich gegenüber den Einflüsterungen seitens seines „Schattens" (Jung) taub zu stellen.

Freilich, der Preis für die Personalunion des Geistigen mit dem Leib-Seelischen zum Wesen „Mensch" ist die Störbarkeit des Geistes. Dafür ist das Erstaunliche an dieser – in der Evolution unserer Erde einzigartigen – Personalunion die Kraft des Geistes, selbst noch im gestörten und kranken Menschen. Eine Kraft, die wahrhaft phänomenal ist!

Die Versuchung, die Kathedrale mit der Summe der Steine zu verwechseln, das heißt, den Menschen mit der Summe der menschlichen Eigenschaften, mit dem Inventar der menschlichen Charakterzüge, ist ziemlich groß.

Victor E. Frhr. v. Gebsattel

Zumindest die Logotherapie unterliegt der im Zitat genannten Versuchung nicht. Sie hält das Geistige in uns exakt für dasjenige, was unseren psychophysischen Leib zur „Kathedrale" auftürmt.

Eine Einladung zur Zufriedenheit

An Hunderten von Menschen habe ich beobachtet, dass es welche gibt, deren Blick vorwiegend am schicksalhaften Bereich hängt, und welche, die ihre Aufmerksamkeit hauptsächlich auf ihren jeweiligen Freiraum lenken. Da sind Depressive, die sich mit ihrer Depression identifizieren, und andere, die sich von ihrer Depression weitmöglichst distanzieren. Da sind Personen, die nur in ihrer leidvollen Vergangenheit leben, aus der die Klagen der Gegenwart entspringen, und andere, die aus der Erinnerung an eine leidvolle Vergangenheit den Willen schöpfen, der Gegenwart heitere Akzente zu verleihen. Jeder sucht sich aus, worauf er das Schwergewicht seiner inneren Wachheit legt; worauf der Lichtkegel seiner geistigen „Lampen" fallen soll. Auf das Unabänderliche oder auf das Änderbare? Vorhanden ist beides in jedem Augenblick unseres Daseins in Hülle und Fülle.

Menschen, die sich auf ihren jeweiligen Freiraum konzentrieren, haben einen unerreichbaren Vorsprung gegenüber den Übrigen. Denn wer auf das Schicksalhafte fixiert ist, schaut buchstäblich ins Leere, nämlich ins „Wahl-Leere"; er lebt in einer betonierten und zementierten Welt, in der es für ihn nichts zu verrücken und zu verändern gibt. Im Unterschied dazu ist alles im Freiraum beweglich, und zwar von einem selber. Heil und Unheil lässt sich von einem Platz zum nächsten schieben, Altes ist beibehaltbar oder in Neues verwandelbar – nichts muss bleiben, wie es ist. Der jeweilige Freiraum ist unsere Blankoeinladung zur Cokreation.

Er ist darüber hinaus eine exquisite Einladung zur *Zufriedenheit*. Sobald sich jemand sagen kann, er habe im Rahmen seiner Möglichkeiten (= in seinem Freiraum) das Sinnvollste getan, *ist es für ihn gut*. Dann darf er mit sich zufrieden sein, unabhängig davon, was sein Schicksal mit ihm vorhat. Das Gefühl: „es ist gut" ist ja letzten Endes nichts anderes als das Bewusstsein: „das Meinige ist/war okay". Ein Bewusstsein, das man mit Blick auf die über einen hereinbrechenden Gewalten nicht kennt.

Vor langer Zeit regierte ein mächtiger und gütiger König das persische Reich. Eine seiner Lieblingsbeschäftigungen war die Jagd, auf die er sich am Morgen eines Spätsommertages wieder einmal begab. Er hieß einen seiner Diener ein Pferd satteln und etwas Proviant für den Weg einpacken, ließ sich seine Waffe reichen und ritt los.

Bei seiner Suche nach einem geeigneten Jagdgebiet kam der Herrscher in eine Gegend, in der es große Wälder und saftige Wiesen gab. Dort sah er plötzlich am Wegesrand einen alten, gebückten Mann stehen, der dabei war, ein kleines Loch in den Boden zu graben. Der König wurde neugierig, ritt näher an den einfach gekleideten Mann heran und fragte: „Was tust du da?" Der Angesprochene blickte auf. „Ich pflanze einen Baum, einen Walnussbaum, um genau zu sein." Der König wunderte sich. „Wieso pflanzt du einen Baum an, der erst in vielen Jahren so weit gewachsen sein wird, dass er Früchte hervorbringt? Bis es so weit ist, bist du sicherlich schon lange tot und kannst dich an den Früchten deiner Arbeit nicht mehr laben. Wieso pflanzt du nicht etwas an, in dessen Genuss du selber noch kommen kannst?"

Der alte Mann sah den König lange an, ehe er leise, aber bestimmt antwortete: „Wisst Ihr, großer Herrscher, ich habe in meinem Leben viele Früchte von Bäumen gegessen, die andere Menschen vor mir angepflanzt haben und deren Früchte sie selber nicht mehr kosten konnten. Deshalb will ich einen Baum pflanzen, an dessen Früchten sich in der Zukunft andere Menschen erfreuen können. Sein Schatten soll sie vor der Sonne schützen, und seine Nüsse sollen sie sättigen, so wie ich oft im Schatten alter Bäume lag und ihre Früchte genoss."

Der König war von den Worten des alten Mannes sehr beeindruckt, griff in seine Satteltasche und entnahm dieser ein kleines Säckchen Gold. Er streckte dem Mann den Beutel hin, doch dieser machte keine Anstalten, ihn anzunehmen. „Seid mir nicht böse, mein König, aber ich möchte Eure Gabe ablehnen", antwortete er stattdessen. „Ich habe doch alles, was ich für einen ruhigen Lebensabend benötige. Mit meinem Handeln wollte ich meiner Nachwelt eine Freude bereiten, und kein Gold der Welt könnte mir den Lohn, die dankbare, aufrichtige Freude meiner Nachkommen, ersetzen. Deshalb möchte ich Euch bitten, dieses Gold jemandem zu geben, der es nötiger braucht als ich."

Als der alte Mann zu Ende gesprochen hatte, wendete der König sein Pferd und ritt nachdenklich von dannen.

Die Beschreibung des alten Mannes ist die Beschreibung des Phänomens „Zufriedenheit" schlechthin. Dieses Phänomen taucht auf, wo die Einladung zur Cokreation auf die beste und sinnvollste Weise genützt wird – vom Motiv der Liebe getragen. Der alte Mann wird kaum mehr viele Früchte genießen. Er wird bald sterben. Das ist sein Schicksal. Aber er kann im Hier und Jetzt ein kleines Loch graben und einen Walnusskern hineinlegen. Er kann für die nächste Generation vorsorgen. Das ist seine Freiheit. Und weil die Freiheit für ihn zentral ist, und nicht das Schicksal, ist seine Zufriedenheit mit Gold nicht aufzuwiegen.

Fünf heilpädagogische „Bären"-Karten

Oft habe ich überlegt, wie ich meinen Patienten helfen kann, jenseits ihrer persönlichen Schranken und Limits zu einem solchen „Es-ist-gut-Erlebnis" vorzustoßen. Unter anderen Hilfstechniken habe ich auch *fünf humorvolle Memo-Karten* entwickelt, die nach wie vor ausgezeichnete Dienste tun, weshalb sie hier kurz Erwähnung finden sollen. Sie zeigen die fünf Prozessstufen eines idealen Umgangs mit Lebensproblemen, dargestellt anhand einer lustigen Bärensymbolik. Durch die Kindlichkeit der Darstellung wirken diese Karten unmittelbar auf das Gemüt und erzeugen ein sofortiges Verstehen des Gemeinten. Die Grafiken wurden einem heilpädagogischen Programm (von Meichenbaum) für Kinder entnommen; die Sprechfahnen erhielten neue Inhalte.

Betrachten wir die Karten und ihre Bedeutung im Einzelnen:

1. Was ist mein Problem?

Diese Frage muss sich jeder stellen, der sich psychisch unwohl fühlt. Irgendetwas stimmt nicht. Das Problem klopft als unangenehme Emotion an die Tür, als Traurigkeit, Angst, Aggression, Begierde, Enttäuschung, Apathie etc. Die unangenehme Emotion muss dem äußeren Sachverhalt nicht entsprechen, wie wir bereits wissen. Sie kann übertrieben, unberechtigt, irrational sein, kann die Dramatisierung einer Unerheblichkeit sein. Oder sie kann durchaus einen misslichen Zustand spiegeln, der nach Veränderung ruft.

Der Bär steht also vor einem Stoppschild, einer emotionalen Barriere, die ihn auf seinem Lebensweg aufhält. Er soll ihr nicht ausweichen, sondern selbstkritisch klären, was da nicht stimmt.

2. Wo ist mein Freiraum?

Nach der Ausformulierung des Problems ist eine Wende zu vollziehen. Das Geistige im Menschen, das sich über sämtliche Stoppschilder und psychischen Barrieren hinweg zu einer gewissen Freiheit aufzuschwingen vermag, soll seine Leuchtkraft entfalten. Frei sind innere Grundhaltungen, frei sind Stellungnahmen zu den Emotionen, frei ist die Einschätzung eines vorgegebenen Sachverhalts. Frei ist alle Mal „die Zutat der Person", wie Frankl es so passend ausgedrückt hat. Sie schaukelt zwischen einem „wegen des Problems" und einem „trotz des Problems", zwischen „blinder Reaktion" und „durchdachter Aktion", und sie ist nicht vorprogrammiert, sondern selbstinitiiert.

Der Bär muss nur suchen, dann wird er neben seinem Problem auch seinen Freiraum finden.

3. Welche Wahlmöglichkeiten habe ich?

Ist der Freiraum eröffnet, spannt sich ein ganzer Sternenhimmel an Möglichkeiten auf. Da glitzern sie, klein und winzig, fern und nah, sozusagen zwischen den nächtlichen Wolken des Zweifels und der verheißungsvollen Scheibe eines tröstlichen Mondes. Jetzt ist nicht mehr die unangenehme Emotion am Ball, jetzt hat die Kognition das Wort, die Phantasie, der Ideenreichtum und die schöpferische Intuition. Natürlich existieren auch Sternchen, die vom suchenden Auge vermisst werden. Manche Möglichkeit, die man gerne hätte, ist am Horizont weithin nicht zu erspähen. Manche Hoffnung muss zu Grabe getragen werden. Doch wer seine gegenwärtigen Wahlmöglichkeiten sorgsam erkundet, findet überraschend viel mehr, als er anfänglich glauben mag; auch in schwierigen Lebenslagen.

Der Bär atmet auf. Er ist seinem Problem nicht ohnmächtig ausgeliefert, sondern hat – die Wahl.

4. Eine davon ist die Sinnvollste!

Noch einmal brauchen wir die Leuchtkraft des Geistes, denn: „Wer die Wahl hat, hat die Qual." Insbesondere könnten die beiden Gesellen Emotion und Kognition leicht eine falsche Wahl propagieren. Bekanntlich drängen die Emotionen zu explosiven Affektentladungen, während die Kognitionen eiskalter Berechnung fähig sind. Das Geistige im Menschen besitzt jedoch sein eigenes Organ: das „Sinn-Organ" Gewissen. Durchlässig wie die Transzendenz, der es entsteigt, bindet es die Selbst-, Nächsten- und Gottesliebe kunstgerecht zu einem Bündel höchster Sinnhaftigkeit zusammen. Es erspürt das zu erwählende Sternchen am Problemhimmel, das für alle Beteiligten ein wenig Licht ins Leben bringen würde.

Der Bär muss still werden und in sich hineinlauschen. Dann wird er vernehmen, welche Wahlmöglichkeit sein Gewissen favorisiert.

5. Die will ich verwirklichen.
Nach dem Erkennen des sinnvollsten Schrittes, der angesichts eines Problems selbst getan werden kann, gibt es bloß noch eine Wahl: das Erkannte umsetzen oder nicht. Der Mensch kann auch gegen seine innerste Stimme handeln. Er kann in negativen Haltungen verharren. Er kann wie kein anderes Lebewesen rundum zuschlagen, zerstören und vernichten, sich selbst eingeschlossen. Wer die Wahl hat, hat eben nicht nur die Qual, sondern auch die Verantwortung. Letztlich muss jeder immer wieder entscheiden, ob er den Schmerz in der Welt zulassen, vergrößern oder verringern will.

Der Bär plädiert für die Gewissensnachfolge. Sein linker, vom Herzen kommender Arm weist wie eine positive Intention nach „oben".

Ist das Problem damit gelöst? Sicher nicht ganz. Aber es ist auch nicht mehr dasselbe Problem, das es war. Ein Mensch, der auf der Spur des Bären gewandelt ist, hat das Stoppschild bereits hinter sich zurückgelassen. Vielleicht trägt er immer noch an einer schicksalhaften Last, aber er ist auf dem richtigen Weg; und der Weg ist frei.

> Ein Tanzbär, seiner Sprünge satt,
> kam stoisch in den Wald zurücke.
> „Bonjour, mein Herr!", grüßt ihn der Fuchs
> mit schlauem Blicke.
> „Schon wieder aus der Stadt?
> Ei, sagen Sie, Herr Bär, was Sie bewogen hat,
> Ihr schönes Ämtchen zu verlassen?
> Hier macht kein guter Herr Sie satt,
> Sie wissen selbst, wie wenig man jetzt hat;
> und überhaupt herrscht hier ein trauriges Verfassen.
> Der Wald wird fast zum Jammertal,
> die gute Zeit fällt gänzlich in die Brüche.
> O warum gingen Sie von Ihrem Prinzipal!
> Wo bleibt nun Ihre fette Küche?"

„Fuchs, lern erhabner denken!",
versetzt der Bär mit ernstem Blick.
„Ich will dir gern das bange Glück
in Ketten und in Fesseln schenken!
Geh, schmaus in einer Sklaverei,
ich hungre lieber und bin frei!"

Gottlob Wilhelm Burmann

Wenn das „Tanzen in Ketten" für krankhafte Verstrickungen im Leben steht, und die „fette Küche" für einen eventuellen Krankheitsgewinn, etwa im Sinne des Geschontwerdens oder der Mitleidhascherei, dann gleicht die Entscheidung des Bären der menschlichen Grundentscheidung, ins gesunde Leben zurückzukehren. Dorthin, wo manche hungrige Stunde ungestillt bleibt, dafür aber das Selbst seiner Existenz gemäß Raum hat.

Die schönste „Bären"-Geschichte

Eine Teilnehmerin einer Serie von gruppentherapeutischen Sitzungen, während denen ich einmal die „Bären"-Karten ausgeteilt und erläutert hatte, schrieb mir Monate später einen Brief. Da es sich um ein wahres „document humain" handelt, vor dem wir uns nur stumm verneigen können, bat ich sie um die Abdruckerlaubnis, welche sie mir erteilte. Ihre Zeilen mögen zur Nachahmung anregen!

Auszug aus dem Brief:
„Ich habe an zahllosen Symptomen gelitten. Sobald eines verschwand, kam das nächste zum Vorschein. Sie, Frau Doktor, waren die neunte Therapeutin, die sich mit mir beschäftigte.

Ich habe viele Male erzählt, wie traurig meine Kindheit verlaufen ist. Man hat mir Deutungen angeboten für meine neurotischen Zustände, und hat verschiedene Diagnosen gestellt: ich sei narzisstisch und infantil, mein Kind-Ich dominiere, ich sei posttraumatisch gestört, dissoziativ, und neige bei Männern zur Hörigkeit.

Sie haben dann anders mit mir gearbeitet. Sie haben mich gelehrt, die Symptome weniger wichtig zu nehmen, und haben mein Selbstvertrauen aufgebaut. Bei Ihnen bin ich wesentlich gelöster geworden. Aber da ist etwas, worüber ich nie gesprochen habe. Bei keinem Therapeuten, auch bei Ihnen nicht. Komisch, ich weiß selbst nicht, warum. Es bohrt ganz tief drinnen in mir, seit ich denken kann. *Ich bekomme zu wenig Liebe.* Man liebt mich nicht. Niemand liebt mich, wie ich es möchte oder brauche. Liebe ... warum ist sie mir verschlossen, oh Gott, warum nur? Meine Eltern haben mich nicht gewollt. Meine Mutter hat bei meiner Geburt die Decke über den Kopf gezogen und sich geweigert, mich anzusehen; mein Vater hat gemurrt, dass ich kein Sohn bin. Meine Großmutter, bei der ich aufgewachsen bin, hat täglich gestöhnt, weil sie mit mir überfordert war. Ich war ihr ‚Sargnagel'. Meine Schulkameradinnen haben sich vergnügt, indem sie mich verspotteten. Man liebt mich eben nicht ... Ich habe das niemandem gesagt, aber es ist mein einziger echter Schmerz, alles andere ist fast ‚Theater'. Nein, so ist es nicht. Oder doch? Nach jahrelanger Therapie müsste ich mich endlich selber verstehen, aber ich bin mir immer fremder geworden.

Unlängst habe ich die ‚Bären'-Karten wieder hervorgeholt. Ich war allein zu Hause, und es war schon Nacht. Über der 1. Karte habe ich geweint und konnte gar nicht mehr aufhören zu weinen. Mein Problem buchstabiert sich in fünf Worten: *Ich bekomme zu wenig Liebe,* und dies ausnahmslos von gestern bis heute. Schließlich nahm ich die 2. Karte zur Hand. Mein Freiraum ...? Mir fiel nichts dazu ein. Ich hatte einen totalen Blackout. Aber es muss auch einen Freiraum für mich geben! Ich saß da und versuchte daran zu glauben. ‚Wenn es ihn gibt, zeig ihn mir', betete ich. Da regte sich ein wundersamer Gedanke in mir. ‚Worauf wartest du?', sagte er. ‚Kannst du nicht Liebe *haben*, kannst du doch Liebe *sein*.'

Ich war perplex. Als wär's ein Orakelspruch, ließ ich mir diesen Gedanken durch den Kopf gehen. Liebe sein …? Wie ist es, wenn Liebe in einem ist, wenn sie im Überfluss in einem ist, wenn sie geradezu aus einem herausquillt? Ich erinnerte mich: Sie haben einmal das Haben und das Sein auseinander dividiert. Das Haben sei verlierbar, meinten Sie, das Sein hingegen unverlierbar. Heißt das: wenn ich Liebe bekäme, könnte ich sie wieder verlieren, aber wenn ich voller Liebe wäre, könnte sie mir niemand entwinden?

Ich zog die 3. Karte hervor. Ein Sternenhimmel an Möglichkeiten? Ja, das ist richtig! Unter dem Aspekt des ‚Liebe-Seins' tummeln sich unzählige Gelegenheiten zu Nettigkeiten, Freundlichkeiten, kleinen Aufmerksamkeiten und generösen Gesten. Alle Leute, die ich täglich sehe, könnten sich an meiner Liebe miterwärmen. Sind da überhaupt Grenzen gesetzt? Ich begann Pläne zu schmieden und malte mir tolle Szenen aus. Wie ich ungeniert auf die Leute zugehe, ihnen meine Hilfe anbiete, wie ich Bekannte bekoche und ab und zu ihre Kinder hüte, und wie sie sich alle bei mir bedanken.

Aber die 4. Karte hat mich abrupt aufgerüttelt. Mein Gewissen war ganz schön brutal. ‚Du machst dir Illusionen', hat es gedonnert. ‚Es ist nicht sinnvoll, sich Zuwendung erkaufen zu wollen. Wenn du lieben willst, musst du die Leute akzeptieren, wie sie sind, und ohne irgendwelche Gegenleistungen von ihnen zu wünschen. Sieh zum Beispiel die verhärmte alte Frau im 3. Stockwerk, die immer so abweisend ist! Bring ihr eine Obstschale oder ein Stückchen Kuchen und stecke ihre Barschheit ein – dann kannst du lieben!'

Am nächsten Morgen bin ich auf den Markt gegangen und habe ein Körbchen mit Frühlingsblumen gekauft. Das habe ich der alten Frau hinaufgebracht. Die hat kein Wort gesprochen, nur die Blumen und mich angestarrt. Da spürte ich, jetzt wird es anders. Ich werde mich nicht mehr beschweren, dass ich zu wenig Liebe bekomme. Die Frage des Bekommens soll mich überhaupt nicht mehr berühren. In mir selbst ist zu wenig Liebe gewesen, und das kann ich ändern. Ich ändere es jeden Tag ein Stück. Die 5. Karte begleitet mich in meiner Handtasche überall hin. Ich bin glücklich. Es ist nicht das Glück, das ich mir früher erträumt habe, aber es ist ein gutes Glück. Ja, jetzt ist es gut."

Die geistige Wende ist gelungen. Der Tanzbär ist zurück im Wald, um die Diktion der Fabel zu gebrauchen. Ein Mensch ist bei sich selbst und seinen besten Möglichkeiten angekommen. Applaus der Briefschreiberin!

Drei Frauen standen am Brunnen, um Wasser zu holen. Nicht weit davon entfernt saß ein Greis und hörte, wie sie ihre Söhne lobten.
„Mein Sohn", sagte die Erste, „ist ein geschickter und wendiger Junge. Er übertrifft an Behändigkeit alle Knaben im Dorf."
„Mein Sohn", meinte die Zweite, „hat die Stimme einer Nachtigall. Wenn er singt, schweigen alle Leute und bewundern ihn. Er wird einmal ein großer Sänger werden." Die dritte Frau schwieg.
„Warum sagst du denn gar nichts?", fragten die beiden anderen. „Ich wüsste nicht, wofür ich ihn loben könnte", entgegnete diese. „Mein Sohn ist ein gewöhnlicher Junge und hat nichts Besonderes an sich. Aber ich hoffe, er wird einmal im Leben seinen Mann stehen."
Die drei Frauen füllten ihre Eimer und machten sich auf den Heimweg. Der Greis ging langsam hinter ihnen her. Er sah, wie hart es sie ankam, die schweren Gefäße zu tragen, und wunderte sich nicht, als sie nach einer Weile ihre Last absetzten, um ein wenig zu verschnaufen. Da kamen ihnen drei Knaben entgegen. Der Erste stellte sich auf die Hände und schlug Rad um Rad. „Welch ein geschickter Junge!", riefen die Frauen. Der Zweite stimmte ein Lied an, und alle Frauen lauschten ihm mit Tränen in den Augen. Der dritte Junge lief zu seiner Mutter, ergriff wortlos die beiden Eimer und trug sie heim.

Die Frauen wandten sich an den Greis und fragten: „Was sagst du zu unseren Söhnen?" „Eure Söhne?", entgegnete der Greis verwundert. „Ich habe nur einen einzigen Sohn gesehen!"

Leo N. Tolstoi

„Liebe-Sein" ist in der Tat sehr schlicht. So unauffällig wie der Pulsschlag unseres Herzens. Sohn-Sein, Tochter-Sein, Vater-Sein, Nachbar-Sein, Mensch-Sein ... Pulsschläge der Schöpfung. Werden sie schwächer, lauert der Tod.

Was fließt, wenn „es" fließt?

Wir haben festgestellt, dass es Personen gibt, die sich auf ihre Schicksalsdeterminanten konzentrieren, und solche, die ihren jeweiligen Freiraum im Blick behalten. Da jeder über dasjenige spricht, womit er sich innerlich befasst, hören wir von Ersteren, wenn wir ihnen zuhören, pausenlos „Zufügungen" (= was ihnen das Schicksal zugefügt hat). Wir hören von unverkraftbaren Milieueinflüssen, von unausgegorenen elterlichen Erziehungsstilen, von Grobheiten und Fehlern der Ehepartner, von durchlebten Unfällen und Krankheiten. Aussagen dieser Art kumulieren in den psychotherapeutischen Praxen und hinterlassen dort schnell den (irrigen?) Eindruck, all das Entsetzliche habe diese Personen stigmatisiert. Dabei ist auch eine andere Schlussfolgerung denkbar. Nämlich die, dass es eben in überwiegendem Maße „schicksalsverhaftete" Personen sind, die psychotherapeutische Hilfe benötigen, weil freiheitsbewusstere Personen ohne fremde Hilfe zurechtkommen.

Dies würde bedeuten, dass von zwei Menschen mit ganz ähnlichen Lebenswegen etwa der eine darüber spricht, dass er von seinem Mathematiklehrer gehasst worden ist, und welchen Schock er erlitten hat, als sein Lieblingshund überfahren worden ist, während der andere darüber berichtet, dass ihn sein Geschichtslehrer stimuliert hat, sich für die Ausgrabungen antiker Kunstschätze zu interessieren, und dass er, aus bäuerlichem Hause stammend, ein Tierfreund ist. Jedermann wird verstehen, dass Ersterer eher zum Psychotherapeuten „gehört" als Zweiterer, obwohl beide Paralleles erlebt haben. Der Unterschied zwischen ihnen ist lediglich der Grad ihrer *gedanklichen Schicksalsverhaftung*. So gesehen, ist Neurose zu definieren als eine geistige Sackgasse, in die man durch chronische Beachtung des Unveränderbaren und chronische Nichtbeachtung des Änderbaren hineinschlittert. Wohingegen man seelisch stabil und gesund bleibt, solange man sich – zumindest implizit – mit einem Wesen identifiziert, das auf „Zufügungen aller Art" in Freiheit antworten kann.

Kein Wunder, dass die Logotherapie Frankls mit ihrer Auffassung die gesamte bisherige Neurosenlehre revolutioniert hat!

> Eine Wahrsagerin zum Kunden: „Ich lese Schreckliches in Ihrer Handlinie. Sie werden geschlachtet, gekocht und aufgegessen!" – „Aber nun dramatisieren Sie nicht und lassen mich erst einmal die Schweinslederhandschuhe ausziehen!"

Es ist nicht ausgeschlossen, dass die junge Wissenschaftslehre der Psychologie und Psychotherapie im Laufe ihrer Entwicklung häufig genug „Handschuhe" mit „Händen", das heißt, scheinbare Krankheitsursachen mit geistigen Herausforderungen verwechselt hat. Schon im alten China wusste man:

> Dass die Vögel der Sorge und des Kummers über unser Haupt fliegen, können wir nicht verhindern – jedoch verhindern können wir, dass sie Nester in unseren Herzen bauen.
>
> *Chinesische Volksweisheit*

Und im alten Persien hieß es:

> Erkunden wollt' ich, wo der Garten Eden
> und wo die Hölle sei, der Martersort;
> da hört' ich meinen Meister reden:
> In dir sind beide, such' sie dort!

Volksweisheit

Richten wir deshalb zum Schluss unser Augenmerk auf die „Verhinderung des Nestbaus" und auf die Suche nach dem „Garten Eden" in uns selbst. Eines ist gewiss: die „Vögel der Sorge und des Kummers" scheuen diesen „Garten Eden". Übersetzt: In den Augenblicken, in denen wir zutiefst glücklich sind, fällt alles Hässliche, Verbissene und Kleinkarierte von uns ab; wir hören auf, an unserem Schicksal und unseren Mitmenschen herumzunörgeln bzw. Gott und der Welt unsere Missgeschicke vorzuwerfen. Das Gegenteil tritt ein. Wir werden neugierig auf das Kommende, von Vorfreude durchdrungen, produktiv, energetisch, dynamisch und weit weniger anfällig für Stress. Mihaly Csikszentmihalyi, der berühmte amerikanische Glücksforscher ungarischer Herkunft, hat dafür den modernen Ausdruck *„Flow"* geprägt. In begnadeten Momenten, die einem „Kurzbesuch im inneren Garten Eden" gleichen, „fließt es" einfach in uns, durch uns und aus uns heraus. Alle Ängste sind verschwunden, Neid und Eifersucht ruhen, Rache- und Strafgelüste sind vom Tisch, Zank und Reibereien verblassen im Hintergrund. Nur das vollbejahte Wirken dieses Momentes zählt. Ist es das Wirken des Betreffenden? Ist es ein höheres Wirken? Im „Flow" fließt beides zusammen in einem Strom.

Hier einige authentische Beschreibungen aus dem von Mihaly Csikszentmihalyi an mehr als 100.000 Menschen erhobenen Material (entnommen dem Buch: „Glück", hrsg. von Helmut Krauß, Bayerischer Schulbuch Verlag, 1998):

Eine Bäuerin

„Die Arbeit auf dem Feld ist das Beste, was es gibt. Man ist erschöpft, aber man fühlt sich großartig. Ich versorge die Tiere, ich hacke, pflanze, ernte, kümmere mich um die Kartoffeln, das Gemüse und die Blumen … Wenn ich übers Feld schaue und alles gut aussieht, bin ich glücklich und zufrieden. Ich fühle mich frei."

Ein Tänzer

„Eine große Entspannung und Ruhe kommt über mich. Ich sorge mich nicht um Erfolg und Misserfolg. Was für ein kraftvolles und warmes Gefühl das ist! Ich möchte mich dann ausdehnen, die Welt umarmen. Ich fühle eine enorme Kraft in mir, etwas Erhabenes und Schönes zustande zu bringen."

Ein Komponist

„Man ist selbst in einem ekstatischen Zustand … ich habe dies immer wieder erlebt. Meine schreibende Hand scheint mir nicht zu gehören, und ich habe nichts mit dem zu tun, was geschieht. Ich sitze einfach da, voller Ehrfurcht und Bewunderung, und schaue dem Geschehen zu. Es fließt wie von selbst heraus."

Was behaupten diese Personen unabhängig voneinander? Doch wohl, dass der „Garten Eden" in uns für Momente geöffnet sein kann, und dass die „Vögel der Sorge und des Kummers" dann keine Chance zum Nisten haben.

Unser Rendezvous mit dem Leben

„Flow"-Erlebnisse entstehen nicht zufällig, sondern haben bestimmte Voraussetzungen, die sich mit den Frankl'schen Theorien zur Sinnerfüllung vollkommen decken.

1. Voraussetzung: Ziele
Seelische Krisen sind meist mit einem von fünf Problemfeldern, die mit Zielen zu tun haben, verbunden:

a. mit dem Problem der erreichten Ziele (= was jetzt?), oder
b. mit dem Problem der fehlenden Ziele (= wozu überhaupt?), oder
c. mit dem Problem der sinnwidrigen Ziele (= darf ich, soll ich?), oder
d. mit dem Problem der unechten Ziele (= will ich, will ich nicht?), oder
e. mit dem Problem der unklaren Ziele (= was genau?).

Dem „Flow"-Erlebnis gehen im Unterschied dazu Ziele voraus, die sinnvoll, echt und klar bewusst sind. Man weiß, was man möchte; und das, was man möchte, ist in Ordnung.

2. Voraussetzung: Fähigkeiten
Man weiß nicht nur, was man möchte, sondern auch, dass man im Prinzip die nötigen Fähigkeiten zur Zielerreichung besitzt. „Im Prinzip" meint hier so viel wie: bei einiger Anstrengung. Da das Ziel ein sinnvolles ist, unter- und überfordert es einen nicht, sondern fordert einen adäquat heraus. Man wächst mit seinen Anstrengungen, und das Ziel wächst in seinen Schwierigkeiten proportional dazu mit.

Seelische Krisen sind fast immer mit Unfähigkeitsvorstellungen (= das ist zu schwer für mich!) oder mit Langeweile (= das ist zu leicht für mich!) verbunden. Von „Flow"-Erlebnissen kennt man dergleichen nicht. Man spürt die bunte Palette seines Könnens ohne Unter- oder Überschätzung, und schmeckt die persönliche Freiheit, die darin gründet, dass man kann, was man möchte. Das ist herrlich.

3. Voraussetzung: Hingabe

Bei seelischen Krisen wird gewöhnlich eine Menge psychischer Energie durch Verzettelungen und Bekämpfungen von ungewollten Nebenerscheinungen aufgezehrt. Vor „Flow"-Erlebnissen ist gerade das Gegenteil der Fall. Alle Sinne bündeln sich konzentrativ auf das Handeln im Hier und Jetzt. Die Arbeitsweise wird locker-beschwingt und intensiv zugleich, was nur bei völliger Hingabe möglich ist. Man vergisst sich selbst und die Störeinflüsse ringsum.

Die Selbstvergessenheit schafft Platz für den Empfang von Signalen außerhalb des Selbst. Im „Flow" begreift sich der Mensch als Teil eines übergeordneten Ganzen und weiß sich von wunderbaren Mächten durchströmt. Staunen und Demut federn seine eigene Fähigkeits-Palette ab. Möchten und Dürfen, Wollen und Können sind Geschenke der Gottheit.

4. Voraussetzung: Lauterkeit

Seelische Krisen verleiten zum Aufrechnen. Was hat man? Wer hat mehr? Worin ist man benachteiligt worden? Was würde man wovon haben? Denken und Ausführen des Gedachten sind besetzt mit diversen Kalkulationen.

Ein Merkmal jener Strebungen, die „Flow"-Erlebnisse nach sich ziehen, ist hingegen ihre Lauterkeit. Zu erwartende Belohnungen von außen sind unwichtig. Fortschritte auf der Karriere- und Prestigeleiter motivieren nicht. Die Meinung der Leute ist sekundär. Das Ziel trägt seinen Sinn und Wert in sich. Die Hingabe an die Zielverwirklichung ist erfüllendes Leben, weder darauf angewiesen, dass das Ziel de facto erreicht wird, noch darauf, dass sich seine Erreichung irgendwie vorteilhaft auszahlt. Das „fließende" Glück braucht keinen Zuschlag an irdischem Glück zu seiner Vervollkommnung.

Nur etwas braucht es zu seiner Vervollkommnung: die Dankbarkeit dessen, dem es sich gewährt.

> Dankbarkeit ist der Wächter am Tor der Seele gegen die Kräfte der Zerstörung.
>
> *Gabriel Marcel*

Vereinen wir die genannten Voraussetzungen menschlicher Sinnerfüllung zu einem letzten Bild. Es möge zum Leitbild für die junge Generation werden, die vor kurzem voller banger Fragen auf den Lippen über die Jahrtausendschwelle marschiert ist. Ihr möchte ich, wie so vielen meiner Patienten, zurufen: „Vergesst über eurer Trübsal nicht, dass ihr *ein Rendezvous mit dem Leben* habt!"

Wieso ein Rendezvous? Nun, weil dieser Begriff einfach alles für Sinnerfüllung, „Flow" und Glück Notwendige in einem einzigen symbolischen Wort einfängt:

1. Wer zu einem Rendezvous aufbricht, hat ein Ziel vor Augen. Er spaziert nicht ziellos durch die Gegend. Es ist ein freudiges Ziel, das ihn führt, und ein bisschen Herzklopfen soll dabei nicht fehlen.
2. Wer zu einem Rendezvous aufbricht, bringt sich selbst mit. Sich, seine Originalität, seine Eigenschaften, seine bunte Könnens-Palette. Freilich ist er bemüht, sich von seiner besten Seite zu zeigen, doch das schadet nicht.
3. Wer zu einem Rendezvous aufbricht, ist bereit, sich auf ein Gegenüber einzulassen. Das breite Spektrum allgemeiner Weltkontakte verdichtet sich strahlartig zu einer besonderen Nähe und Intimität. Dabei will er „ungestört" sein, sehr verständlich. Der Rest ist – wenn, dann Segen.
4. Wer zu einem Rendezvous aufbricht, wagt ein Abenteuer. Er ist nicht auf Beutefeldzug. Er ist nicht auf Lorbeeren aus. Es muss nicht eine künftig perfekte Liaison das Ergebnis sein. Das Stelldichein selbst, der kleine hin- und herhüpfende Funke Liebe, hat seinen Reiz in sich.

So und nicht anders sollten wir dem Leben und der Zukunft entgegengehen! Denn nicht unsere bangen Fragen, sondern unsere mutigen Antworten werden im dritten Jahrtausend das Entscheidende sein, sofern sie sich noch am ewigen Dreiergespann „Glaube, Hoffnung und Liebe" orientieren.

> Mit meiner Zukunft
> habe ich mich verabredet.
>
> Gestern sah ich sie
> zum ersten Mal
> in aller Klarheit.
>
> Sie strahlte mich an,
> und ich ging ohne Scheu
> auf sie zu.
>
> Alle fragten mich,
> ob ich verliebt sei.

Kannst du, liebe Leserin, lieber Leser, das auch sagen?

Die Autorin und ihr Werk

Elisabeth Lukas, geboren 1942 in Wien, ist Schülerin von Prof. Dr. Dr. Viktor E. Frankl. Als Klinische Psychologin und approbierte Psychotherapeutin spezialisierte sie sich auf die praktische Anwendung der Logotherapie, die sie methodisch weiterentwickelte. Nach 13-jähriger Tätigkeit in Erziehungs-, Familien- und Lebensberatungsstellen (neun Jahre davon in leitender Position) übernahm sie 1986 die fachliche Leitung des von ihr und ihrem Ehemann gegründeten „Süddeutschen Instituts für Logotherapie GmbH" in Fürstenfeldbruck bei München, die sie 17 Jahre lang innehatte. Nach ihrer Rückkehr in die Heimat arbeitete sie fünf Jahre lang weiterhin als Hochschuldozentin (zuletzt als Lehrbeauftragte der Donau-Universität Krems) und war danach noch drei Jahre lang als Lehrtherapeutin und Supervisorin beim österreichischen Logotherapie-Ausbildungsinstitut ABILE tätig.

Vorträge und Vorlesungen auf Einladung von mehr als 50 Universitäten (darunter länger andauernde Lehraufträge an den Universitäten München, Innsbruck und Wien) sowie Publikationen in 17 Sprachen machten sie international bekannt. Ihr Werk ist mit der Ehrenmedaille der Santa Clara University in Kalifornien für „outstanding contributions in counseling psychology to the world community" und mit dem Großen Preis des Viktor-Frankl-Fonds der Stadt Wien ausgezeichnet worden. 2014 verlieh ihr die Universität Moskau eine Ehrenprofessur.

Von Elisabeth Lukas sind seit den 1980er-Jahren – inklusive der fremdsprachigen Übersetzungen – 121 Bücher erschienen. Ein Teil davon ist bereits vergriffen.

In der nachstehenden Liste sind ihre derzeit im Buchhandel bzw. online erhältlichen deutschsprachigen Bücher zusammengestellt (Stand: Februar 2016):

„Alles fügt sich und erfüllt sich. Logotherapie in der späten Lebensphase", Profil, München, erw. Neuauflage 2010

„Auf dass es dir wohl ergehe. Lebenskunst fürs ganze Jahr", Kösel, München, 2006

„Auf den Stufen des Lebens. Aus dem Erfahrungsschatz einer Psychologin", E-Book, Satzweiss.com Print Web Software GmbH, Saarbrücken, 2011

„Aus Krisen gestärkt hervorgehen", Verlagsgemeinschaft topos plus, Kevelaer, 2013

„Binde deinen Karren an einen Stern. Was uns im Leben weiterbringt", Neue Stadt, München, 2. Auflage 2013 (auch als E-Book)

„Burnout adé! Engagiert und couragiert leben ohne Stress", Profil, München, 2012 (auch als E-Book)

„Das Schicksal waltet – der Mensch gestaltet. Philosophie für den Alltag", Plattform Johannes Martinek Verlag, Perchtoldsdorf bei Wien, erw. 3. Auflage 2015 (auch als E-Book)

„Dein Leben ist deine Chance. Anregungen zu einer sinnvollen Lebensgestaltung", Neue Stadt, München, 3. Auflage 2012 (auch als E-Book)

„Den ersten Schritt tun. Konflikte lösen – Frieden schaffen", Kösel, München, 2008 (auch als E-Book)

„Der Freude auf der Spur. Sieben Schritte, um die Seele fit zu halten", Neue Stadt, München, 3. Auflage 2013 (auch als E-Book)

„Der Schlüssel zu einem sinnvollen Leben. Die Höhenpsychologie Viktor E. Frankls", Kösel, München, 2011 (auch als E-Book)

„Der Seele Heimat ist der Sinn. Logotherapie in Gleichnissen von Viktor E. Frankl", Kösel, München, 6. Auflage 2014

„Die Kunst der Wertschätzung. Kinder ins Leben begleiten", Neue Stadt, München, 2013 (auch als E-Book)

„Familienglück. Verstehen – Annehmen – Lieben", Verlagsgemeinschaft topos plus, Kevelaer, 2. Auflage 2015

„Freiheit und Geborgenheit. Süchten entrinnen, Urvertrauen gewinnen", Profil, München, 3. Auflage 2012

„Für dich. Heilende Geschichten der Liebe", E-Book, Random House, München, 2011

„Heute ist der erste Tag vom Rest deines Lebens. Schritte zu einer erfüllten Existenz", E-Book, Satzweiss.com Print Web Software GmbH, Saarbrücken, 2012

„In der Trauer lebt die Liebe weiter" mit Fotos von Rita Briese, Kösel, München, 8. Auflage 2015

„Inspirationen für die Seele. Das geistige Erbe Viktor E. Frankls" (1. Auflage unter dem Titel „Viktor E. Frankl. Arzt und Philosoph"), Profil, München, erw. 2. Auflage 2015

„Konzentration und Stille. Logotherapie bei Tinnitus und chronischen Krankheiten" mit einem Beitrag von Helmut Schaaf, Profil, München, 3. Auflage 2005

„Lebensstil und Wohlbefinden. Seelisch gesund bleiben – Anregungen aus der Logotherapie", Profil, München, erw. 3. Auflage 2010

„Lehrbuch der Logotherapie. Menschenbild und Methoden", Profil, München, erw. 4. Auflage 2014

„Quellen sinnvollen Lebens. Woraus wir Kraft schöpfen können", Neue Stadt, München, 2014 (auch als E-Book)

„Sehnsucht nach Sinn. Logotherapeutische Antworten auf existentielle Fragen", Profil, München, 3. Auflage 2004

„Sinnzentrierte Psychotherapie. Die Logotherapie von Viktor E. Frankl in Theorie und Praxis", gemeinsam mit Koautorin Heidi Schönfeld, Profil, München, 2016

„Spannendes Leben. In der Spannung zwischen Sein und Sollen – ein Logotherapiebuch", Profil, München, 4. Auflage 2014

„Verlust und Gewinn. Logotherapie bei Beziehungskrisen und Abschiedsschmerz", Profil, München, erw. 2. Auflage 2007

„Vom Sinn des Augenblicks. Hinführung zu einem erfüllten Leben", Verlagsgemeinschaft topos plus, Kevelaer, 2014

„Vom Sinn getragen. Ein Leben für die Logotherapie", Kösel, München, 2012 (auch als E-Book)

„Von der Angst zum Seelenfrieden", gemeinsam mit Koautor Reinhardt Wurzel, Neue Stadt, München, 2015

„Was das Leben wertvoll macht. Impulse einer spirituellen Psychologie", Verlagsgemeinschaft topos plus, Kevelaer, 2014

„Wertfülle und Lebensfreude. Logotherapie bei Depressionen und Sinnkrisen", Profil, München, erw. 4. Auflage 2011

In Vorbereitung:
„Einmal rund um die Sonne. Begleitende Gedanken für das ganze Jahr", Neue Stadt, München, 2016

24 CDs mit Vorträgen von Elisabeth Lukas können beim AUDITORIUM NETZWERK, Verlag für Audio-visuelle Medien (Hebelstraße 47, D-79379 Müllheim/Schwarzwald), erworben werden.

Die CD mit der Live-Rundfunksendung in der „Reihe Lebenshilfe" zum Thema „Rendezvous mit dem Leben – wie wir unseren Ängsten trotzen und das Leben meistern können" ist beim Hörerservice von Radio Horeb (Tel.: 00 49 (0) 83 28 / 92 11 10) erhältlich.

CD „Ermutigungen für die Zukunft", erhältlich über www.elisabeth-lukas-archiv.de

Anschrift der Autorin:

Prof. Dr. Elisabeth Lukas
Marktplatz 17/4/1
A-2380 Perchtoldsdorf
Österreich

Quellenverzeichnis

S. 14, 26, 33, 48, 62, 77, 125: © Jack Kornfield / Christina Feldmann: Geschichten des Herzens, ARBOR Verlag, Freiburg 2013; www.arbor-verlag.de

S. 23: Anthony de Mello, „Löwenzahn", aus: Ders., Warum der Vogel singt. Weisheitsgeschichten, © Verlag Herder GmbH, Freiburg i. Br. 2013, S. 61.

S. 36: © 1976 Erich Fromm. Abdruck mit Genehmigung der Liepman AG, Zürich.

S. 41: aus: Herrn Daniel Wilhelm Trillers Neue Aesopische Fabeln, worinnen in gebundener Rede allerhand erbauliche Sittenlehren und nützliche Lebensregeln vorgetragen werden, Hamburg 1740 (2. Aufl. 1750).

S. 50: aus: Überzeugungen in einer hypothetischen Zivilisation. NZZ v. Nov. 1976.

S. 67, 103, 130: aus: Hundertfünf Fabeln. Zürich 1960.

S. 69: © bei der Autorin.

S. 81: © bei der Autorin.

S. 88: aus: Axel Kühner, Überlebensgeschichten für jeden Tag, Neukirchener Verlagsgesellschaft mbH, Neukirchen-Vluyn, 19. Auflage 2012, S. 247.

S. 104: aus einem Artikel in der Süddeutschen Zeitung (17.11.1997).

S. 108: aus: Lew Tolstoj, Sämtliche Erzählungen in fünf Bänden. Herausgegeben von Gisela Drohla. © der deutschen Übersetzung Insel Verlag, Frankfurt am Main und Leipzig 1961.

S. 113: Wolfgang Hilbig, ihr habt mir ein haus gebaut. Aus: Ders., Werke. Gedichte. © S. Fischer Verlag GmbH, Frankfurt am Main 2008.

S. 116: aus: Ders., Gesammelte Werke, München 1977. Rechte: Eugen Roth Erben.

S. 118, 161: aus: Der schwangere Topf, hg. v. Reza H. Kahkesh.

S. 145: aus: Fabeln und Erzählungen von Gottlieb Konrad Pfeffel. In Auswahl hg. v. H. Hauff. 2 Bde. Stuttgart und Tübingen 1840.

S. 151: © Stefan Reisner.

S. 170: aus: Axel Kühner, Überlebensgeschichten für jeden Tag, Neukirchener Verlagsgesellschaft mbH, Neukirchen-Vluyn, 19. Auflage 2012, S. 175.

Leider war es nicht in allen Fällen möglich, den Rechtsinhaber ausfindig zu machen. Entsprechende Hinweise nimmt der Verlag gerne entgegen. Rechtsansprüche bleiben gewahrt.

Von derselben Autorin erschienen bei
topos taschenbücher

Elisabeth Lukas
Familienglück
Verstehen – Annehmen – Lieben

192 Seiten

Band 812
ISBN 978-3-8367-0812-8

www.topos-taschenbuecher.de

Von derselben Autorin erschienen bei
topos taschenbücher

Elisabeth Lukas
Aus Krisen gestärkt hervorgehen

160 Seiten
Band 818
ISBN 978-3-8367-0818-0

www.topos-taschenbuecher.de

Von derselben Autorin erschienen bei **topos** taschenbücher

Elisabeth Lukas
Vom Sinn des Augenblicks

Hinführung zu einem erfüllten Leben

96 Seiten
Band 851
ISBN 978-3-8367-0851-7

www.topos-taschenbuecher.de

Von derselben Autorin erschienen bei

topos taschenbücher

Elisabeth Lukas
Was das Leben wertvoll macht

Impulse einer spirituellen Psychologie

144 Seiten

Band 865
ISBN 978-3-8367-0865-4

www.topos-taschenbuecher.de